國家圖書館出版品預行編目資料

《呂氏春秋‧十二紀》紀首《淮南子‧時則訓》及《禮記‧月令》
之比較研究／曾錦華 著 — 初版 — 台北縣永和市：花木蘭文
化出版社，2010〔民 99〕
目 4+142 面；19×26 公分
（中國學術思想研究輯刊 七編：第 12 冊）
ISBN：978-986-254-171-5（精裝）
1. 呂氏春秋　2. 淮南子　3. 禮記　4. 比較研究
121.87　　　　　　　　　　　　　　　　　　99002366

ISBN - 978-986-254-171-5

9 789862 541715

中國學術思想研究輯刊
七 編　第十二冊　　　　　　　　ISBN：978-986-254-171-5

《呂氏春秋‧十二紀》紀首、《淮南子‧時則訓》
及《禮記‧月令》之比較研究

作　　者　曾錦華
主　　編　林慶彰
總 編 輯　杜潔祥
出　　版　花木蘭文化出版社
發 行 所　花木蘭文化出版社
發 行 人　高小娟
聯絡地址　台北縣永和市中正路五九五號七樓之三
　　　　　電話：02-2923-1455／傳真：02-2923-1452
網　　址　http://www.huamulan.tw 信箱 sut81518@ms59.hinet.net
印　　刷　普羅文化出版廣告事業
封面設計　劉開工作室
初　　版　2010 年 3 月
定　　價　七編 24 冊（精裝）新台幣 40,000 元　　　版權所有‧請勿翻印

《呂氏春秋・十二紀》紀首、《淮南子・時則訓》及《禮記・月令》之比較研究

曾錦華　著

作者簡介

曾錦華，國立成功大學中國文學系學士、國立政治大學中國文學研究所碩士，現執教於明新科技大學，教授中文領域、神話、歌謠等課程。

人到中年，方知學問之趣味，如清風明月，於不著痕跡之處。

提　　要

　　呂不韋集眾賓客所著成之《呂氏春秋》，旨在調和各家，取其精而用其長，以為王者施政方針。不韋死後，秦始皇盡採其象徵帝運五德之說而改制；及漢之世，雖諱言其說，然其於漢代學術政治之影響，卻極為深遠，徐復觀先生即言兩漢思想家，幾乎無人不受十二紀紀首──月令之影響。呂氏賓客以陰陽五行納入十二月紀之帝王行事曆中，又與政治設施相應而組合，兩漢學術政治彌漫陰陽五行符命讖緯之說，可謂十二紀已發生實質影響。

　　月令之文，歷代各有傳本，夏月令，傳世〈夏小正〉，當為晚出之書；殷月令，可考者唯有甲骨文中之干支表；周月令，《周書‧月令》已佚，論者以為〈周月〉、〈時訓〉二篇；秦月令，則為《呂氏春秋‧十二紀》；前漢月令則有《淮南子‧時則》及《禮記‧月令》。月令之文常見於秦漢人之著述，月令之名則不一，今所見之時政月令亦不只一種，鄭玄注《禮記‧月令》時，所及見者，即有《呂氏春秋‧十二紀》、《禮記‧月令》、《今月令》及《王居明堂禮》四種。

　　其中大體具在而又大同小異者，僅有《呂氏春秋‧十二紀》、《禮記‧月令》及《淮南子‧時則訓》三種，其大同者，如各月之天文記事、五德轉移、干支配置及各月政令安排；其小異者，除用字差異及文字脫落外，或有因反應時代風尚而增刪者，亦有助於考究思想、明學術流衍。斯文之纂述，雖未能盡掃霾翳，唯取捨從違，求其近道而已。

目

次

前　言

　　月令之文，常見於秦漢人之著述，月令之名則不一，如《呂氏春秋》但稱〈十二月紀〉，《淮南子》之名〈時則〉，《周書》名爲〈時訓〉、〈周月〉，皆近於是，其稱「月令」者，王夢鷗先生云：

> 按其所謂「月」，乃包擧天時；所謂「令」，則其所列擧之政事，故合「月」「令」而言，恰爲承天以治人之一施政綱領。(〈禮記月令校讀後記〉)

西漢魏相、李尋、翟方進，皆學月令（見《漢書・李尋》、〈魏相傳〉），政治上亦有逕予施行者（見《漢書・魏相傳》），元始間，且與《左傳》並例學官（見《漢書・王莽傳》）。東漢自魯恭、景鸞、馬融、盧植、鄭玄、王肅、蔡邕，或爲解詁，或爲章句，並以之列於《禮記》四十九篇之一，而傳世益廣。溯其源，可推至〈夏小正〉之古農曆書及陰陽家之五行時令，迄於後世之時政月令之文，皆其支裔，降自東漢，歷代帝王，復有讀令之禮，著於憲章，可謂盛矣。

　　今所見之時政月令亦不只一種，時令之文據《管子》所載至少有劃分一年爲五時，五時各有日數之〈五行篇〉，及劃分一年爲五時，而僅四時配以日數，中央土則有位無時之〈四時篇〉及〈幼官篇〉、〈幼官圖〉。時令既非一種，而由五時令所衍生之「月令」亦有多種變化，如《淮南子》中所載之時政綱領，即有根據八風而制定者（見〈天文訓〉）；依五行而制定者（見〈天文訓〉，《春秋繁露》第六十一之〈治水五行〉大體相同）；根據五方之極而制定者（見〈時則訓〉）；以及十二月爲一終始者（見〈時則訓〉）；漢宣帝時魏相奏議又有以五行與八卦相配之陰陽月令；此外，如《周書・時訓解》著重於二十四

氣變應之記述；又發展出七十二候之觀念，可視爲較詳細之月令，但沒有明顯之五行配置。且鄭玄注《禮記·月令》時，所及見者，則有《呂氏春秋·十二紀》、《禮記·月令》、《今月令》及《王居明堂禮》四種，可見月令之文，本不只一種，其中，大體具在而又大同小異者，僅有《呂氏春秋·十二紀》、《禮記·月令》及《淮南子·時則訓》三種，其大同者，如各月之天文紀事、五德轉移、干支配置及各月政令安排，其小異者，則偶有用字之差異及文句之脫落，或因反映時代風尚而增刪者。本文即欲就此三篇作一研究，討論其所以然之故，茲分五章以述之：

第一章爲「呂氏春秋十二月紀、淮南子時則訓及禮記月令之著述考」，探討三篇成書先後，以追溯「月令」之來源。

第二章爲「呂氏春秋十二紀紀首之撰著」，考其成書年代，以〈呂紀〉成篇最早，且三篇之結構幾乎完全相同，故此章及下章均以〈呂紀〉爲主，此章主要在探討「十二月紀」之淵源及特色。

第三章爲「呂氏春秋十二紀紀首之內容結構」，由此文「天文星象」、「曆法節候」、「五行配當」、「明堂時令」四節，考其內容結構，藉以明瞭「月令」之基本設計，以爲下章三篇之比較張本。

第四章爲「呂氏春秋十二紀紀首、淮南子時則訓及禮記月令之比較」，由其材料結構之異同比較，可以反映三者關係及其增刪之述，藉以考其思想特質及其演變過程。

第五章爲「呂氏春秋十二紀紀首、淮南子時則訓及禮記月令之影響及評價」，由此探討其對兩漢學術政治之影響及其評價與未來發展。

我國自〈十二紀〉以降，歷經秦漢，兩千餘年來，此說已深入民心，無論在朝在野，或多或少均受其影響。大凡制度之形成，皆經長期發展而來，踵武繼跡，變革改異而成章。斯文之撰述，雖奮力以赴之，然限於學力，未能盡掃此三篇霾翳，唯取舍從違，求其近道而已。然亦可藉此上考其源流，質諸經史，驗以甲骨銘文，尋繹其本來面目；至於探其流裔，以究其演變之迹，尙有待於來者。承呂師凱不以下愚見棄，析疑解蔽，多所諟正。今此篇雖成，慮其不周，唯祈博雅君子，有以賜之，以減疏漏，則幸甚矣。

第一章 《呂氏春秋・十二紀》、《淮南子・時則訓》及《禮記・月令》著述考

第一節 《呂氏春秋・十二紀》之完成

一、作 者

《漢志・諸子略》載《呂氏春秋》二十六篇，自註云：「秦相呂不韋輯智略士所作。」戰國之世，競爭劇烈，是以延攬人才，尊顯遊士，蔚爲風氣。而以客卿執政，尤以秦爲最盛，宋洪邁《容齋隨筆》卷二云：

> 七國虎爭，莫不招致四方遊士，然六國所用之相，皆其宗族，或其國人。如齊之田忌、田文；韓之公仲、公叔；趙之奉陽、平原；魏則且以太子爲相矣。惟秦則不然，其始與之謀國，以開霸業者，衛之公孫鞅也。其後若樓緩，則趙人；張儀、魏冉、范雎皆衛人；蔡澤燕人；呂不韋韓人；李斯楚人；皆舉國聽之而不疑，卒之能兼天下者，諸人之力也。

尤其呂不韋以一陽翟大賈，捐家謀國，於莊襄王時代，已爲相國，直至始皇十年始罷相，在此十餘年中，可謂功業彪炳，其於著述上，招人才，著所聞，成《呂氏春秋》，實爲一代盛典，布市門，懸千金，亦爲前此未有，然其著書動機，實爲爭勝，其事俱載於《史記・呂不韋傳》，亦爲著述上之野心，所以備天地萬物古今之事也。

《呂氏春秋》一書，舊本雖題呂不韋撰，然不韋集賓客著書，《史記》所詳。按《史記・魏公子傳》曰：

諸侯之客，進兵法，公子皆名之，故世俗稱魏公子兵法。
此集門下賓客所進兵法，而題信陵君之名，亦猶《呂氏春秋》爲呂不韋輯智略士作，而題呂不韋所撰，蓋當時著述之風氣爲此，且《呂氏春秋》成書爲事前詳細約定，綱舉目張，與後人所輯前人之作者不同，爲古籍罕見，繆鉞先生《呂氏春秋撰著考》一文云：

> 就呂書篇目整齊，排列有序兩點觀之，則諸賓客必先有一度或數度
> 之會商，擬定篇目，略排次序，然後從事撰寫。至於撰寫方法，亦
> 略可推知，諸篇作法，皆據題抒論，且有一定規模，非若他子書之
> 散漫無方，每篇率有要旨，少則三五句，多則百餘言，此要旨多居
> 篇首，偶或散於篇中，其餘部份則本此要旨發揮，或引故事證明。

不韋食客三千，史籍莫詳，《呂氏春秋》作者，亦莫知其名，後儒所云，要皆猜測之辭，如清盧文弨《抱經堂文集卷十‧書呂氏春秋後》云：「要之成者非一人，其墨者多也。」清陳澧《東塾讀書記‧讀諸子》云：「呂氏春秋多采古儒家之說，故可取者最多。」錢穆先生《呂不韋著書考》云：「李斯入秦，爲不韋舍人，呂覽之書，斯亦當預。」繆鉞先生《呂氏春秋撰著考》云：「呂氏賓客，除儒、道、墨三家外，尚有各派學者，故先秦諸子學說，多存於呂氏春秋。」又云：「呂不韋以秦相之尊，廣致賓客，融合群言，撰寫巨著，其中必多異才碩學，惜姓名堙沒，無可詳考，今所知者，惟有李斯及司馬空二人而已。」綜上所引，呂書之作者，僅能言明其出於某家某派，究竟何人？則亦無法得知，最多也只能猜測其出於某地，賀凌虛先生《呂不韋與呂氏春秋》一文云：

> 至於呂氏春秋實際執筆的賓客，就秦國因僻處邊陲，文化原較落後，
> 而商鞅變法，又忽視教育，且歷數先秦諸子，亦未見有秦人等歷史
> 而論，大抵均爲外籍，而呂氏門下的外來賓客，如前所述，大體籍
> 屬三晉，似可推定原書大致書自三晉人士之手。

姑不論《呂氏春秋》是否成於三晉人士之手，〈十二紀〉作者，就其思想而論，主要當係出於陰陽家之手，兼儒墨之學，包兵農之旨，亦兼有各家之長也。

二、時代背景

　　《呂氏春秋》者，丞相呂不韋集眾賓客所著之書也，旨在折衷群言，以貫治道，其書殿先秦諸子之後，啓兩漢政論先聲，漢志著錄《呂氏春秋》二

十六篇，列雜家。先秦諸子，皆獨抒己見，成一家言，呂書則假諸眾賓客之手，蓋欲彌縫群言，綜百家學說於一統，開集體著作之先聲。

　　厥後《淮南鴻烈》，為其嫡子，漢世以下諸類書，亦其支與流裔。呂書成書於一道術分裂，人自為書，各崇其說，九流競興，百家爭鳴之時代，《莊子‧天下篇》云：

　　　　天下大亂，聖賢不明，道德不一，天下多得一察焉以自好，譬如耳目鼻口，皆有所明，不能相通。猶百家眾技也，皆有所長，時有所用。雖然，不該不徧，一曲之士也。判天地之美，析萬物之理，察古人之全，寡能備於天地之美，稱神明之容。是故內聖外王之道，闇而不明，鬱而不發，天下之人各為其所欲焉以自為方。

是時周室衰微，異端橫起，人人各察所好，蔽於一端，《荀子‧解蔽篇》云：

　　　　昔賓孟之蔽者，亂家是也。墨子蔽於用而不知文。宋子蔽於欲而不知得。慎子蔽於法而不知賢。申子蔽於勢而不知知。惠子蔽於辭而不知實。莊子蔽於天而不知人。

皆言當時諸子之學，鮮能折衷至道。《漢書‧藝文志》云：

　　　　諸子十家，其可觀者，九家而已。皆起於王道既微，諸侯力政，時君世主，好惡殊方。是以九家之術，蠭出並作，各引一端，崇其所善，以此馳說，取合諸侯。

由於學術之偏失而產生反省，《呂氏春秋‧不二篇》云：

　　　　有金鼓，所以一耳；必同法令，所以一心也；智者不得巧，愚者不得拙，所以一眾也；勇者不得先，懼者不得後，所以一力也。故一則治，異則亂；一則安，異則危，夫能齊萬不同，愚智工拙皆盡力竭能，如出乎一穴者，其唯聖人矣乎。

這種統一之呼聲，正是雜家所以興之因也，各家學派，莫不旁採他人之長，以補己之短，混同之勢漸成，梁啟超先生云：

　　　　當時諸派大師，往往兼營他派之言，以光大本宗。如儒家者流之有荀卿也，兼治名家法家言者也；道家者流之有莊周也，兼治儒家言者也；法家者流之有韓非也，兼治道家言者也。北南東西四文明，愈接愈屬，至是幾將合一爐而治之，雜家之起於是時，亦運會使然也。〔註1〕

　　　　────────────

〔註 1〕見梁啟超著《中國學術思想變遷之大勢》，頁 25。

其中尤以《呂氏春秋》之作，冶諸家於一爐，調和儒墨名法兵農道德縱橫等學派，以兼取眾長，裁剪部勒，而成全體。唯先秦典籍，十不存一，而《呂氏春秋》仍可略見其撰著時所憑藉之書，〔註2〕清汪中〈呂氏春秋序〉云：

> 周官失職，而諸子之學以興，各擇其術以明其學，莫不持之有故，
> 言之成理，及比而周之，則仁之與義，敬之與和，猶水火之相反也，
> 最後呂氏春秋出，則諸子之說兼有之。〔註3〕

戰國之時，群雄並峙，而學術思想，亦各立門戶。降自戰國末期，一般人逐漸感覺統一思想之需要，秦相呂不韋便是作這種嘗試之第一人，其所以編著《呂氏春秋》，就是想化零為整，集合眾長，統一思想。〔註4〕〈十二紀〉更是學術政治亂極思治，分極思合之體現。

三、成篇年月

《呂氏春秋》之成書年月，世傳三說，《呂氏春秋・序意篇》云：「維秦八年，歲在涒灘。」後人據之以為成書於始皇八年；《史記・大史公自序》及《報任安書》乃云：「不韋遷蜀，世傳呂覽。」後人遂有謂作於遷蜀之後者；又《呂氏春秋・安死篇》云：「以耳目所聞見，齊荊燕嘗亡矣，宋中山已亡矣，韓趙魏皆亡矣，其皆故國矣。」後人據此，遂謂《呂氏春秋》有成於不韋死後之說。劉知幾《史通外篇雜說上》駁遷蜀之說云：

> 漢書載子長與任少卿書，歷說自古述作，皆因患而起，末云：「不韋
> 遷蜀，世傳呂覽。」案呂氏之修撰也，廣招俊客，比跡春陵（秋），
> 共集異聞，擬書荀孟，思刊一字，購以千金，則當時宣布，為日久
> 矣，豈以遷蜀之後，方思傳乎？且必以身既流移，書方見重，又非
> 關作者本因發憤著書之義也。而輒引以自喻，豈其倫乎？若要多舉
> 故事，成其博學，何不云：虞卿窮愁，著書八篇，而曰：「不韋遷蜀，
> 世傳呂覽」，斯蓋識有不該，思有未審耳。

案太史公之意，但取身廢書行耳，不謂不韋遷蜀而作《呂覽》，以《呂氏春秋》成書於不韋遷蜀之後，此乃後人之誤，劉知幾之論，未免失之嚴刻。所謂書成於呂不韋死後者，如錢穆先生《呂不韋著書考》云：

〔註2〕可參見繆鉞撰《呂氏春秋撰著考》及李峻之撰《呂氏春秋中古書輯佚》二文。
〔註3〕見汪中撰《述學補遺》，頁20。
〔註4〕見朱自清著《經典常談》，頁56～57。

然考始皇七八年間，三晉皆無恙，韓最先亡，在始皇十七年，已在不韋卒後五年，趙以王遷之虜爲亡，則在韓亡後兩年，魏最後，其亡已在始皇二十二年，去不韋之卒已十年。然則呂書之成，其最後者豈在始皇之二十二年乎？是年燕薊亦拔，越三年，楚亡，又越兩年，齊亡，皆安死作時所未及也。史記謂不韋遷蜀而著呂覽，然則呂書確有成於遷蜀之後，並有成於不韋之身後者，此亦考驗秦代學術思想情況一至堪注意之點也。〔註5〕

案錢氏以〈安死篇〉之數言，即云《呂氏春秋》有成於遷蜀時，有成於身後者，未免武斷，或者當如徐復觀先生所言，是經過後人之修補，徐氏云：

> 孟冬紀安死篇云：「以耳目所聞見，齊荊燕嘗亡矣，宋中山已亡矣，趙韓魏皆亡矣，其皆故國矣。」此乃呂氏死後此書尚有人加以修補之顯證，而在大獄之後，修補之人，必須得到秦政的同意，乃有此可能。〔註6〕

而〈序意〉云：

> 維秦八年，歲在涒灘，秋甲子朔，朔之日，良人請問十二紀。

由此可知，《呂氏春秋》或有出於後人之修補者，但至少在呂不韋爲相時，〈十二紀〉確已完成。「維秦八年」之說，論者不一，或以爲涒灘之說與後世甲子紀年逆推不合，以「八」當爲「六」或「四」之訛，黃氏《周季編略》謂：

> 呂傳書作春秋于始皇七年前，八蓋六之訛也。近畢氏校呂氏春秋引錢竹汀超辰說。嚴鐵橋以八爲四之訛，四年太歲在申，皆未是。〔註7〕

姚文田則云「維秦八年」實爲始皇七年，其〈呂覽維秦八年歲在涒灘考〉云：

> 超辰之說，起於漢人，當時亦未一行，安得強先秦以就我法？又讀者據太初元年歲稱丁丑，溯而上之，遂改始皇爲乙卯，因欲併改呂覽之八年爲六年，不知班史實以鄧平厤爲本，實不足爲確據。……上推始皇元年爲甲乙。不韋死於始皇十二年，後十五年而秦有天下，不韋著書以前昭襄、孝文、莊襄世及相繼，安得斷自始皇，直書曰秦。其稱秦者，必在莊襄既滅二周之後……而莊襄之滅東周，乃二年事，並非元年，紀表皆誤矣。西周之滅，歲在乙巳，後七載爲壬

〔註5〕見許維遹撰《呂氏春秋集釋等五書》上附錄。
〔註6〕見徐復觀增訂《兩漢思想史》卷二，頁105。
〔註7〕見錢穆撰《呂不韋著書考》引。

子，東周亦滅。其明年癸丑，天下始易周而爲秦。困學紀聞云：壬
子秦遷東周君而周遂不祀。作史者當自丙午至壬子繫周統於七國之
上。以韓非及王氏之言證之，知自癸丑以後，乃可書秦。而呂覽之
文，實統莊襄言之矣。〔註8〕

今案姚氏之說，呂書著成，當在始皇七年，而稱「維秦八年」，乃始於癸丑，
〈序意〉言〈呂紀〉成於秦八年，實統莊襄而言，唯其始作，或在更前。

第二節　《淮南子‧時則訓》之完成

一、作者及成書年代

　　《淮南子》二十一卷，雜家言也，其成書亦如《呂氏春秋》，皆出於眾人
之手，《漢書‧淮南王傳》云：

> 淮南王安，爲人好書鼓琴，不喜弋獵狗馬馳騁，亦欲以行陰德，拊
> 循百姓，流名譽，招致賓客方術之士數千人，作爲內書二十一篇，
> 外書甚眾，又有中篇八卷，言神仙黃白之術，亦二十萬餘言。

所謂「作內書二十一篇」即指《淮南子》而言，高誘於《淮南子》之序言中
云：

> 初，安爲辨達，善屬文，皇帝爲從父，數上書召見，孝文皇帝甚重
> 之，詔使爲離騷賦，自旦受詔，日早食已，上愛而秘之，天下方術
> 之士，多往歸焉，於是遂與蘇飛、李尚、左吳、田由、雷被、毛被、
> 伍被、晉昌等八人，及諸儒大山小山之徒，共講論道德，總統仁義，
> 而著此書。〔註9〕

可見此書是與諸儒共同講論而撰成，其內容思想自有調和融攝之處，劉安本
身能屬文，當亦有所折衷修定，唯淮南眾賓客之名至少已有八人可考，《呂氏
春秋》雖與《淮南子》性質相同，其作者未必身兼眾學，而終究造成折衷混
同之一部子書，惜其名多已堙沒。

　　《漢書‧卷四十四‧淮南衡山濟北王傳》載，劉安之父淮南屬王劉長是在
文帝六年，被誣以謀反，廢徙蜀，於道中絕食而亡，劉長有子四人，劉安居長，

〔註8〕同註7。
〔註9〕見劉文典撰《淮南鴻烈集解‧高誘敍目》。

八年皆封爲侯，本傳謂「王有子四人，年皆七、八歲。」則劉安此時約爲八歲，十六年封爲淮南王，武帝即位，劉安入朝獻所作內篇，時年約四十一、二歲，徐復觀先生以爲劉安招致賓客，大事著作，應在其二十七歲至四十歲之間，因據漢書本傳云：「吳楚七國反，吳使者至淮南，淮南王欲發兵應之。」景帝三年，吳楚七國反，景帝四年，七國皆破滅，劉安時年二十七，又據本傳云：「淮南王安爲人好書、鼓琴……時武帝方好文藝，以安屬爲諸父，博辯善爲文辭，甚尊重之。……初安入朝，獻所作內篇，新出，上愛重之。」這段話，正是寫於七國平定之後，武帝即位、劉安入朝之間。〔註10〕則《淮南子》，最遲當在建元元年、二年之前，即已完成，最早亦不得早於七國平定之時。

　　《漢書·藝文志》雜家者流，載有《淮南內二十一篇》，《淮南外三十三篇》，天文載有《淮南雜子星十九卷》，後世往往傳云淮南萬畢之術，大概多黃白變幻之事，據此則漢書本傳所言「招致賓客方術之士數千人」一語，蓋亦有據，唯賓客與方術之士須加分別，著《淮南內二十一篇》者，當出於賓客之手，或如高誘序目所言淮南八公及諸儒大山、小山之徒，而由方術之士，續寫外篇及中篇。徐復觀先生嘗云，淮南賓客當分爲二類，第一類爲高誘序中所言之「蘇飛、李尙、左吳、田由、雷被、毛被、伍被、晉昌」等八人，是以道家思想爲主，而挾縱橫之術，此爲《淮南子》中老莊思想分野之人物。屬於儒家分野者，則有如高序所言「諸儒大山、小山之徒。」〔註11〕故云：

　　　　當劉安及其賓客們，馳騁於觀念的世界時，自然進入到老莊的分野。

　　　　當他們面對著現實時，便不知不覺地進入到儒家的分野。〔註12〕

這種思想，流露全書各篇中，〈俶貞訓〉云：

　　　　是故聖人，內脩道術，而不外飾仁義；不知耳目之宜，而游於精神
　　　　之和。若然者，下揆三泉，上尋九天，橫廓六合，揲貫萬物，此聖
　　　　人之遊也。

表現出一種精神解放之自由，而於政治現實上，便依然歸結至儒家，〈本經訓〉云：

　　　　故兵者所以討暴，非所以爲暴也。樂者所以致和，非所以爲淫也。
　　　　喪者所以盡哀，非所以爲僞也。故事親有道矣，而愛爲務。朝廷有

────────────

〔註10〕見徐復觀撰《兩漢思想史》卷二，頁76。
〔註11〕同註10。
〔註12〕同註10。

> 容矣，而敬爲上。處喪有禮矣，而哀爲主。用兵有術矣，而義爲本，
> 本立而道行，本傷而道廢。

就《淮南子》一書加以考察，固以道家爲本，其中亦遍及六經三傳，儒家思想斑斑可考，淮南王於〈要略〉中自詡其作爲「上考之天，下揆之地，中通諸理」之偉大書論，目的是用以「紀綱道德，經緯人事」，冀能「置之尋常而不塞，布之天下而不窕」，書名鴻烈，即可見其撰作之雄心，《淮南子》高誘序：

> 其旨近老子，淡泊無爲，蹈虛守靜，出入經道。言其大也，則燾天
> 載地；說其細也，則淪於無垠，及古今治亂存亡禍福，世間詭異瓌
> 奇之事，其義也著，其文也富，物事之類，無所不載；然其大較，
> 歸之於道，號曰鴻烈，鴻‧大也，烈‧明也，以爲大明道之言也。

《淮南鴻烈》二十一篇，皆依《漢志》列入雜家，其特色爲兼採眾長，故高氏子略有云：

> 讀其書二十篇（要略一篇除外），篇中文章，無所不有。如與莊、列、
> 呂氏春秋、韓非子諸篇相經緯表裏，何其意之雜出，文之沿複也。
>
> 〔註13〕

又云：

> 淮南子之奇，出於離騷；淮南之放，得於莊列；淮南之議論，錯於
> 不韋之流。〔註14〕

其紛陳雜出，一至於此。《隋書‧經籍志》即云：「雜者，通眾家之意。」《漢志》亦云：

> 雜家者流，蓋出於議官，兼儒墨、合名法，知國體之有此，見王治
> 之無不貫，此其所長也；及蕩者爲之，則漫羨而無所歸心。

雜家之兼名法、合儒墨正是融合各家之學，以成其說，先秦學說不能名一家者，《呂氏春秋》爲其濫觴，其後以《淮南子》總其成。呂氏書中亦有濃厚之陰陽家色彩，其綱領〈十二紀〉即爲陰陽家學說之總成，而《淮南子》之〈時則訓〉正與之同，由此可知，淮南一書，雖以儒道爲主，而采入陰陽家言，亦爲其特色，故《淮南子‧要略》云：

> 時則者，所以上因天時，下盡地利，據度行當，合諸人則，形十二
> 節，以爲法式，終而復始，轉而無極，因循倣依，以知禍福，操舍

〔註13〕見《文獻通考》卷二百十三。
〔註14〕同註13。

開塞,各有龍忌,發號施令,以時教期,使人君者,知所以從。

其四時十二月之教令,莫不依時行事,而示人以順逆災祥,此俱爲陰陽家之言,司馬談〈論六家要旨〉云:

> 道家,使人精神專一,動合無形,贍足萬物,其爲術也,因陰陽之大順,采儒墨之善,撮名法之要,與時遷移,應物變化,立俗施事,無所不宜。〔註15〕

胡適先生據此而云道家即是雜家:

> 其實道家也就是一個大混同的思想集團,也就是一個雜家。司馬談說的「因陰陽之大順,采儒墨之善,撮名法之要」的道家,藝文志的「兼儒墨,合名法」的雜家,都是說那個統一帝國的時代的思想學說有互相調和、折衷、混合的趨勢,造成了某些個混合調和的思想體系。〔註16〕

實際上,司馬談謂「因陰陽之大順,采儒墨之善,撮名法之要」之道家,當是漢初經過學術統合後之道家,在客觀上應爲以道家爲宗之雜家言論,雜家之特色即在於對諸家之兼合,此可見於《呂氏春秋》及《淮南子》,至於眞正道家,當如《漢志》所云:

> 道家者,蓋出於史官、歷記成敗存亡禍福古今之道,然後知秉要執本,清虛以守自,卑弱以自持,此人君南面之術也。……及放者爲之,則欲絕去禮學,兼棄仁義,曰獨任清虛,可以爲治。(絕禮、棄仁義,以清虛爲治,《老子》中已有此主張,非「及放者爲之」而後有此流弊。)

《淮南子》作於景武之世,其時黃老之學方盛,故高誘敍云「其旨近老子」,而陰陽家在戰國末,已爲顯學,相沿至漢,學者無不習染陰陽家之思想,此由近道家之《淮南子》與儒家之《禮記》,均收有源於陰陽家如月令類之文章可以證明。

二、時代背景

《淮南子・要略》一文,嘗歷敍自殷周之際,以迄戰國之世,各家思想與時代背景之關係,學術常因政治而發生變化,如云:

〔註15〕見《史記・太史公自序》
〔註16〕見胡適手稿本《淮南王書》序,頁 14～15。

> 晚世之時，六國諸侯，谿異谷別，水絕山隔，各自治其境內，守其
> 分地，握其權柄，擅其政令，下無方伯，上無天子，力征爭權，勝
> 者爲右，恃連與國，約重致，剖信符，結遠援，以守其國家，持其
> 社稷，故縱橫修短生焉。

自云淮南一書乃「觀天地之象，通古今之事，權事而立制，度形而施宜」，總
攬各家之長，而能與世推移。實乃以混合眾家來擴展學術，以符合一統之要
求，國家走上統一，思想界亦要求調和融通，匯歸一致。自周末至漢初，政
治形態已由分而合，「學術亦因隨政治統合的情勢，而有容括前代成果作系統
性統合的壯舉；甚至，學術的大統合根本就是用心良苦的要爲大統合的政治
規劃宏偉的藍圖。」〔註17〕《呂氏春秋》既創之於前，《淮南子》繼踵於後。
然因《呂氏春秋》書成於一統之前，其書之創作乃爲事先之規劃；《淮南子》
則成於漢統一之後，故其書明白強調輔弼王政，規擬治圖之宗旨。就《呂氏
春秋‧十二紀》及《淮南子‧時則訓》而言，皆是足以傳之永世之帝王之道，
〈要略〉又云：

> 棄其畛挈，斟其淑靜，以統天下，理萬物，應變化，通殊類；非循
> 一跡之路，非守一隅之旨，拘繫牽連之物，而不與世推宜也。故置
> 之尋常而不塞，布之天下而不窕。

此文正說明《淮南子》諸篇，較之其它著作，無論在政治及內容上，更可肆
應無窮，其實《淮南子》此書，其政治背景，是在文景之間，所論者爲當代
之學，而非述古之學，所謂「與世推移」即指此，《漢書‧元帝紀》載宣帝云：

> 漢家自有制度，本以霸王道雜之。

《淮南子‧主術》云：

> 治國則不然，言事者必究於法，而爲行者必治於官，上操其名，以責
> 其實；臣守其業，以效其功。言不得過其實，行不得踰其法，群臣輻
> 湊，莫敢專君。事不在法律中，而可以便國佐治，必參五行之陰考以
> 觀其歸，並用周德以察其化，不偏一曲，不黨一事。是以中正而偏，
> 運照海內。群臣公正，莫敢爲邪，百官述職，務致其公迹也。

此正爲刑名之學，爲漢文所好，《淮南子》之思想主幹雖爲道家，然亦混合申
不害、韓非等之刑名之學，所謂黃老之學，即人君南面之術。再加上兩漢流

〔註17〕 見陳麗桂撰〈淮南鴻烈的內容體系與價值〉，《中華文化復興月刊》十八卷四
　　　　期。

行之陰陽五行說，構成其學說之重點，如《淮南子》中之〈天文〉、〈墜形〉、〈時則〉、〈覽冥〉諸篇皆展現此種觀念，尤其陰陽家氣類相感之說，便是漢人各種祥瑞災異說之所由生也。

　　陰陽家之學，考其內容，名爲陰陽，實兼多家，《漢志》有兵陰陽家十六家，又有術數五行三十一家，此外，天文、曆譜、雜占、形法、醫經、房中等，均與陰陽五行有密切關係。而《漢志》所收黃老之術，其中又有道家、陰陽家、兵陰陽、天文、曆譜、五行、雜占、醫經、經方、房中、神仙……十二家，可見西漢學者，大多雜而不純。《淮南子》中之〈天文〉、〈墜形〉、〈時則訓〉顯係採自陰陽家，但又融合各家學說，如〈天文訓〉以德刑並重，則已把儒家之仁與法家之刑、兵家之戰包括其中。儒家思想與道家爲《淮南子》之兩大骨幹，雖然儒家思想於《淮南子》書中已摻雜部分陰陽家言，若用心考校，亦未始不可由《淮南子》略窺五經博士成立前之西漢經學原貌。

　　西漢初年，黃老思想頗爲盛行，《史記‧外戚世家》云：

　　　　帝及太子諸竇，不得不讀黃帝老子。

然則淮南一書，黃帝所代表之政治理想，不如伏羲，徐復觀先生以爲：

　　　　由他們之不重視黃帝，這即說明從事淮南子這一集體著作中的道
　　　　家，他們所抱的道家思想，與黃老這一系的道家思想，實際分門別
　　　　戶，另成一派。〔註18〕

實際上，淮南一書於敷陳治術時，所言多爲黃老之權謀術數，但在其政治理想及歷史哲學上，則認爲伏羲最近無爲之道，其後黃帝開始政教，已不及伏羲，中經五帝三王而道愈衰，至戰國，縱橫攻殺，混亂已極，所以黃老之道家與原始之道家，在《淮南子》中之地位，當爲精神與現實上之區別。

　　《淮南子‧要略》云：

　　　　著書二十篇，則天地之理究矣，人間之事接矣，帝王之道備矣。

劉安撰成《淮南子》，乃因應政治之統一，欲立一大法，爲政治之永久準則，而將漢初思想，作另一次大結集。徐復觀先生以爲其受呂不韋野心之暗示，規撫《呂氏春秋》之規模而成，其於〈劉安的時代與淮南子〉一文云：

　　　　淮南子中，全取呂氏春秋十二紀首，略加損益，以成爲第五篇的時則
　　　　訓，覽冥訓則敷衍呂氏春秋精諭名類諸篇之旨。而呂氏春秋應同篇「黃
　　　　帝曰：芒芒昧昧，因天之威，與元同氣」的幾句重要話，即見於泰族

〔註18〕同註10。

　　訓。其它剌取呂氏春秋的材料以成文者，其分量僅次於老子莊子。

第三節　《禮記‧月令》之完成

一、《禮記》之成書

　　《禮記》之名早見於《史記‧孔子世家》，太史公曰：「故書傳禮記，自孔氏。」皮錫瑞《三禮通論》則云：

> 三禮之名，起於漢末，在漢初但曰禮而已，漢所謂禮，即今十七篇之儀禮，而漢不名儀禮，專主經言，則曰禮經，合記而言，則曰禮記，許慎、盧植所稱禮記，皆即儀禮與篇中之記，非今四十九篇之禮記也，其後禮記之名爲四十九篇之記所奪，乃以十七篇之禮經，別稱儀禮，又以周官經爲周禮，合稱三禮。〔註19〕

則太史公所謂《禮記》，當爲古代禮書之泛稱。

　　《漢書‧藝文志‧禮類》有「記百三十一篇」自注云：「七十子後學所記也。」〈儒林傳〉引鄭玄〈六藝論〉云：

> 戴德傳記八十五篇，則大戴禮是也；戴聖傳記四十九篇，則此禮記是也。

於是始分大小戴記之篇數，陸德明《經典釋文‧序錄》引陳邵《周禮論》序云：

> 戴德刪古禮二百四篇爲八十五篇，謂之大戴禮。聖刪大戴禮爲四十九篇，是爲小戴禮。後漢馬融、盧植考諸家同異，附戴聖篇章，去其繁重及所敍略，而行於世，即今之禮記也。

《隋書‧經籍志》更附益之云：

> 漢初河間獻王得仲尼弟子及後學者所記一百三十一篇，至劉向校經籍，檢得一百三十篇，因第而敍之。又得明堂陰陽記三十三篇，孔子三朝記七篇，王史氏記二十一篇，樂記二十三篇，凡五種，合二百十四篇，戴德刪其繁重，合而記之，爲八十五篇，謂之大戴記，而戴聖又刪大戴之書爲四十六篇，謂之小戴記。漢末，馬融遂傳小戴之學，融又增入月令一篇，明堂位一篇，樂記一篇，合四十九篇。

〔註19〕見皮錫瑞撰《經學通論‧三禮通論‧論漢初無三禮之名》。

《隋志》之文，細按之，其不合者三：其一，二戴爲武帝、宣帝時人，豈能刪哀帝時劉向校定之書？其二，謂《小戴記》刪自《大戴記》，顯是沿襲陳邵之誤，清儒辨之甚明，錢大昕以爲《小戴記》四十九篇，〈曲禮〉、〈檀弓〉、〈雜記〉，皆以簡策重多，分爲上下，實止四十六篇，合《大戴記》八十五篇，正協百三十一篇之數。〔註20〕陳壽祺更加以考證大小戴記並非如錢氏所說「此之所棄，即彼之所錄也。」乃是各以意斷取，異同參差，因此大小戴記篇章每多相同，篇內文字亦有詳略，如〈哀公〉、〈投壺〉兩篇，並存於二戴記中，《小戴記》有〈曲禮〉、〈禮器〉等篇，亦見於《大戴記》逸篇篇目中，《大戴記》之〈曾子大孝〉，全文見於《小戴記‧祭義》中，〈諸侯釁廟〉全文見於《小戴記‧雜記》中，〈朝事〉部分見於《小戴記‧聘義》中，〈本事〉部分見於《小戴記‧喪服四制》中。〔註21〕其三，《隋志》認爲小戴所定本只有四十六篇，〈月令〉、〈明堂位〉、〈樂記〉三篇爲馬融所加入，亦不可信，小戴弟子橋仁已著撰《禮記章句》四十九篇，〔註22〕《後漢書‧橋玄傳》云：「七世祖仁，著禮記章句四十九篇。」《後漢書‧曹褒傳》云：「父充持慶氏禮；褒又傳禮記四十九篇，教授諸生。」則西漢與二戴同爲后倉弟子慶氏所傳之《禮記》亦爲四十九篇。孔穎達《禮記正義‧樂記》下云：「按別錄，禮記四十九篇。」〈月令〉、〈明堂位〉下云：「此於別錄屬明堂陰陽。」則劉向所校《禮記》，亦爲四十九篇，此三篇本爲《禮記》所有。《後漢書‧儒林傳》云：

> 梁戴德延君、戴聖次君、沛慶普孝公，孝公爲東平太傅，德號大戴，爲信都太傅，聖號小戴，以博士論石渠，至九江太守，由是禮有大戴、小戴、慶氏之學。……小戴授梁人橋仁季卿、楊榮子孫，仁爲大鴻臚，家世傳業，榮琅邪太守。……小戴有橋、楊之學。

橋仁於傳受小戴禮學外，又纂《禮記章句》四十九篇，曹褒於傳受慶氏禮外，又兼傳《小戴禮記》，《隋志》以爲「漢末馬融遂傳小戴之學。」「鄭玄受業於融。」《禮記》一書實則鄭注行世後，始與《周禮》、《儀禮》並稱三禮，由此可知今本《禮記》確是戴聖所傳之《小戴禮》四十九篇。

　　《禮記》之來源，據《漢志》所載，當爲七十子後學所記，其有主名可

〔註20〕見錢大昕撰《二十二史考異‧漢書考異》。

〔註21〕詳陳壽祺《左海經辨》。

〔註22〕見《漢書‧儒林傳》。

舉者，如《經典釋文》引劉瓛之語，以〈緇衣〉爲公孫尼子所作；〔註23〕《隋書·音樂志》引沈約之語，以〈中庸〉、〈表記〉、〈坊記〉、〈緇衣〉四篇爲子思子所作。〈樂記〉爲公孫尼子所作；而〈冠義〉、〈昏義〉、〈鄉飲酒義〉、〈射義〉、〈燕義〉、〈聘義〉六篇可視爲《儀禮》中〈士冠禮〉、〈士昏禮〉、〈鄉飲酒禮〉、〈鄉射禮〉、〈燕禮〉、〈聘禮〉六篇之傳註，其餘諸儒之思想，亦散見於《禮記》一書，高明先生嘗考之云：

> 荀子非十二子篇裏指斥子張氏、子夏氏、子游氏的賤儒；這三家的思想，除在論語可以見到一些蹤跡外，在禮記裏可就保存的多了，檀弓上下二篇雜記喪禮的事，其中就有許多條是與這三家有關的；另有許多條是與曾子有關的；最值得注意的，有一條與仲梁子有關，仲梁子就是仲良氏（用顧廣圻說），……在檀弓裏所稱引的人物以仲梁子爲最後，且尊稱爲子，可能檀弓這一篇就是仲梁子一派的人記錄的。曾子問一篇，當然是曾子一派的記錄。禮運、禮器、郊特牲三篇相承……可能就是子游一流儒者的傑作。樂記一篇，載子夏和魏文侯的問答……很可能是子夏一派的作品，隋書音樂志以爲出於公孫尼子。雜記上下篇……可能是曾子一派的作品。祭義一篇……記於樂正氏後學的可能性最大。哀公問、仲尼燕居、孔子閒居三篇相承……可能這三篇都出於子游的記錄。……坊記、中庸、表記、緇衣四篇相承，沈約以爲皆取自子思子，陸德明以爲緇衣是公孫尼子所制。冠義、昏義、鄉飲酒義、射義、燕義、聘義六篇相承……這必是七十二子或其後學中人所記。月令一篇……可能是周末秦國的儒者摭拾舊作而成。……王制一篇……鄭玄則說作於秦、漢之際……。孟子、荀子雖然各自成書，但在禮記裏孟荀一脈相承的文字很多。〔註24〕

雖然孔子七十二弟子及其後學，和秦漢之際儒者之著作多已亡佚，諸儒之言論思想亦賴《禮記》得以存留。

二、〈月令〉之來源

陸德明曰：

> 禮記者，本孔子門徒共撰所聞，以此爲記，後人通儒，各有損益，

〔註23〕見陸德明撰《經典釋文·敍錄》。
〔註24〕見高師仲華撰《禮學新探·禮記概說》。

故中庸是子思伋所作，緇衣是公孫尼子所制，鄭玄云：「月令是呂不
韋所撰」，盧植云：「王制是漢時博士所爲。」〔註25〕

〈中庸〉、〈緇衣〉、〈月令〉、〈王制〉，後儒頗有辨述，而考論〈月令〉撰人者
尤多。〈月令〉，記述一年十二月行事之文也，《漢志》著錄《周書》七十一篇，
其中關於〈月令〉者，則有三篇，爲〈周月解〉第五十一，〈時訓解〉第五十
二，〈月令解〉第五十三，〈月令解〉久佚，蔡邕云：

戴記夏小正傳曰：「陰陽生物之後，王事之次。」則夏之月令，殷人
無文，及周而備。文義所説，傳衍深遠，宜周公之所著也。周書七
十二篇，而月令第五十三。古者諸侯朝正於天子，受月令以歸，而
藏諸廟中；太子藏之於明堂。每月告朔朝廟，出而行之。〔註26〕

蔡邕以爲〈月令〉體大經同，非周公莫能作，〔註27〕鄭玄則以《禮記‧月令》
出於《呂氏春秋‧十二紀》，〈禮記目錄〉謂：

名曰月令者，以其記十二月政之所行也。本呂氏春秋十二月紀之首
章也。以禮家好事抄合之，名曰禮記。〔註28〕

究之《呂氏春秋‧十二紀》與《周書》之關係，〈月令〉，蔡邕斷爲周公所作，
則〈呂紀〉係出於《周書》，崔述頗致其疑，謂：

逸周書本爲後人所僞撰，……周月、時訓兩篇，或即采之呂氏春秋，
或與呂氏同采之一書，均未可知，烏得以逸周書有之，遂斷以爲周
公之書。〔註29〕

今案《周書》眞僞相揉，歷代學者多有論辨，蔡邕斷〈月令〉爲周公所著，
因《周書‧月令》已佚，不可得見，據之以論《禮記‧月令》之文，固不足
信；而崔述係就〈周月〉、〈時訓〉二篇立論，疑其與《呂氏春秋》同時，或
出於其後，亦無以見其必然。

　　〈月令〉傳本，據鄭玄注《禮記》時所引，除《呂氏春秋‧十二紀》，尚有
〈明堂月令〉、〈王居明堂禮〉及〈今月令〉等，《漢書‧魏相傳》引明堂月令有
「東方之神大昊，乘震；南方之神炎帝，乘離；西方之神少昊，乘兌；北方之
神顓頊，乘坎；中央之神黃帝，乘坤艮」等語，似與《淮南子‧天文訓》以干

〔註25〕同註23。
〔註26〕見蔡邕撰《明堂月令論》。
〔註27〕見蔡邕撰《月令答問》。
〔註28〕見孔穎達《禮記‧月令正義》引。
〔註29〕見崔述撰《豐鎬考信錄》卷五。

支十二律通乎八風之意類似，又爲〈月令〉之另一類。王夢鷗先生云：

> 他如許愼說文解字之所引，白虎通義之所據，王充論衡之所述，班固
> 漢志之所載，魏相奏書之所陳，以及散見董仲舒之著書與司馬遷史
> 記，雖未引稱〈月令〉篇名，然而詞義實出自月令篇中者亦往往有之。
> 倘若合併此等片詞隻字而一一比較之，雖難有完全之相同，但其大旨
> 則又無所差別。倘欲言其差別，則應屬於五時、八風不同之設計。因
> 其或以五行爲基礎，或據八卦以成列；基本觀既異，則其種類亦隨而
> 與十二月令不同矣。質言之，陰陽說、五行說、八卦說，其所說之對
> 象雖共爲機祥休咎，但其淵源自別，而說亦非一端。〔註30〕

據此，則漢初所流行之「月令」，不只一種，如上所云，俱爲同類而不同之篇
章。《禮記·月令》、《淮南子·時則訓》及《呂氏春秋·十二紀》係同類之文，
其中有陰陽五行而無八卦之痕迹；至於魏相所奏及《淮南子·天文》所載，
兼合八卦八風之「月令」，則與之不同；鄭玄注《禮記·月令》又分〈今月令〉
與〈明堂月令〉，王夢鷗先生云：

> 按鄭注禮記所引今月令之文，亦用以注王制祭法等篇，而於彼注，
> 則曰明堂月令，不特如此，更按其所引明堂令之文殆又無異於蔡邕
> 所述之明堂月令。因疑其所謂今月令等，並非正式篇名，而爲流行
> 於東漢之明堂月令之簡稱。〔註31〕

綜上所述，可知「月令」之文，實有多種，據王氏所言，則可分爲三類：一
爲原始之農曆，如《夏小正》之類，但記十二月之天候紀物；一爲播五行於
四時之王居明堂禮，此有五時令與十二月令之別，前者如《管子》諸篇，後
者則如《禮記·月令》等篇，十二月令實衍自五時令；一則爲播五行於四時
復益以四方八卦，或即鄭玄所稱之〈今月令〉、〈魏相奏議〉、《淮南·天文》
等，〔註32〕以上三類，除第一類外，二、三類就其遺文及其思想背景推之，
均不出陰陽家之範疇，王夢鷗先生云：

> 史記騶衍傳及封禪書並謂鄒衍以「五德終始」顯於諸侯。班固漢書
> 藝文志既列其著述於陰陽家，又於五行家之著述敍曰：「其法亦起五

〔註30〕見王夢鷗撰《禮記月令校讀後記》。
〔註31〕同註30。
〔註32〕參見王夢鷗撰《禮記月令校讀後記》及《月令探源》（收入《禮記校證》一書
中）二文。

德終始」。何者？蓋五行家著述中有「四時五行經」、「陰陽五行時令」
故也。今其書雖不復得見，然顧名思義，而謂月令抄自十二月紀，
十二月紀衍自五行時令；五行時令既起於五德終始，而五德終始本
爲鄒衍之說。此一傳承系統，至爲明白，故稱月令爲「鄒子之徒」
之遺策，以猶勝於冒稱周公，或泛指呂氏門客，較爲簡明而切當。
〔註33〕

王氏以爲〈月令〉爲「鄒子之徒之遺策」，其原始設計，當爲《管子》諸篇之
五時令，近人容肇祖先生引《周書・月令》之文，與鄭眾所引鄒子之言同，
乃論定〈月令〉出於鄒衍，《周書》《呂紀》《禮記・月令》則其流衍，其說與
王氏相同，唯其據此認定鄒衍已有分月之「月令」，則忽略由鄒衍至《管子》
諸篇之發展，〔註34〕然而就《禮記・月令》之作及其淵源，是否即襲自《呂
紀》，則尚待考究，蔡邕《明堂月令論・月令篇名》曰：

> 因天時、制人事，天子發號施令，祀神受職，每月異禮，故謂之月
> 令，所以順陰陽、奉四時、放氣物、行王政。成法具備，各從時月，
> 藏之明堂，所以示承祖考神明，明不敢褻黷之義。

《後漢書・景鸞傳》亦云，景鸞撰《禮內外記》及《月令章句》，其以《禮記》
與〈月令〉對舉，可見二者可各自獨立。或者〈月令〉之文，本爲單行，有
如後世之曆法通書，《呂氏春秋》及《淮南子》、《禮記》，乃各取此單行本〈月
令〉，納入書中，因爲《禮記》並非由大小戴撰述，而係由其編纂前此禮家之
作而成，故是否〈月令〉係取自〈十二紀〉，或者二者本同出一源，則已無法
確證，然就其成書年月而言，《禮記》成於《呂氏春秋》之後，撰《禮記》者
或於編撰當時又加入新說，《淮南子・時則訓》亦然，故本文乃依其成書先後，
先論《呂氏春秋・十二紀》撰著及其內容結構，以爲三篇比較之張本。

〔註33〕 見王夢鷗撰《禮記校證》，頁 529。
〔註34〕 見容肇祖撰〈月令來源考〉，《燕京學報》十八期。

第二章　《呂氏春秋‧十二紀》紀首之撰著

第一節　〈十二紀〉爲呂氏一書之思想總綱

　　《呂氏春秋》，是對先秦經典及諸子百家之大綜合，內容宏富，其書分〈十二紀〉〈八覽〉〈六論〉，紀後〈序意〉一篇，述撰著旨意，篇目極爲整齊。呂不韋以「春秋」名書，歷來各家說法不一，《史記‧十二諸侯年表》云：

> 呂不韋著，秦莊襄王相，亦上觀尚古，刪拾春秋，集六國時事，以爲八覽、六論、十二紀，爲呂氏春秋。

《史記‧呂不韋列傳》亦云：

> 呂不韋乃使其客人人著所聞，集論以爲八覽、六論、十二紀，二十餘萬言，以爲備天地萬物古今之事，號曰呂氏春秋。

是史公之意，以爲《呂氏春秋》，事取獲麟，踵事春秋，故以名書，章學誠《校讎通義》亦主此說，其卷三文云：

> 呂氏春秋，亦春秋家言，而兼存典章者也，當互見於春秋尚書，而猥次於雜家，亦錯誤也。古者春秋家言，體例未有一定，自孔子有知我罪我之說，而諸家著書，往往以春秋爲獨見心裁之總名，然而左氏而外，鐸椒虞卿呂不韋之書，雖非依經爲文，而宗仰獲麟之意，觀司馬遷敍十二諸侯年表而後曉然也，呂氏之書蓋司馬遷之所取法也，十二本紀倣其十二月紀，八書倣其八覽，七十列傳倣其六論，則亦微有所以折衷之也。四時錯舉，名曰春秋，則呂氏猶較虞卿晏子春秋爲合度也，劉知幾譏其本非史書，而冒稱春秋，失其旨矣。

章學誠除承認《史記》所言《呂氏春秋》刪拾《春秋》而成，也認為「儒者之說春秋也，以事繫日，以日繫月，言春以包夏，舉秋以兼冬，年有四時，故錯舉以為所說之名也。」蓋所以備天地萬物古今之事，其〈十二紀〉具列一年行事，亦不可以其非史書而譏之也。〔註1〕其義則如孔穎達《春秋·正義》序云：

> 夫春秋者，紀人君動作之務，是左史所職之書，王者統三才而宅九有，順四時而治萬物，四時序則玉燭調於上，三才協則寶命昌於下，故可以享國永年，令聞長世，然則有為之務，可不慎與。

《呂氏春秋》乃雜家之祖，融合諸子，折衷群言而自成一家，對於學術的態度亦較平和，頗見各派學說互相影響之迹，其目的即在借學以論政，《呂氏春秋》全書即本此而設計，〈十二紀〉條舉王者行政綱領，〈覽〉〈論〉備言君道治術，而以〈十二紀〉為其全書總綱，茲就篇次及內容兩方面分述之：

一、篇次方面

呂氏一書篇次之先後，雜說紛紜，或云〈八覽〉、〈六論〉、〈十二紀〉；或云〈十二紀〉、〈八覽〉、〈六論〉，前者《史記》主之，除〈呂不韋列傳〉及〈十二諸侯年表〉所言之外，〈太史公自序〉及《漢書·司馬遷傳》載〈報任安書〉亦云：「不韋遷蜀，世傳呂覽。」稱〈呂覽〉蓋舉其首而言之，呂思勉云：

> 然編次當如梁玉繩初說，先覽後論，而終之以紀。世稱呂覽，蓋舉其居首者言之，序意在十二紀之後，畢氏泥禮運注疏，謂以十二紀居首，為春秋之所由名。四庫提要謂唐劉知幾作史通，自序在內篇之末，外篇之前，因疑紀為內篇，覽與論為外篇、雜篇，皆非也。禮運鄭注，本無呂氏以春秋名書，由首十二紀之意。古人著書以春秋名者甚多，豈皆有十二紀以為之首耶。古書自序，例在篇末，呂覽本無內外雜篇之名，何得援唐人著述，鑿空立說乎？〔註2〕

且以古書序言例在篇末，〈十二紀〉必居全書之末。主〈紀〉前〈覽〉後，最早為高誘，其《呂氏春秋》序云：

〔註1〕劉知幾《史通》卷一原文為：「案儒者之說春秋也，以事繫日，以日繫月，言春以包夏，舉秋以兼冬，年有四時，故錯舉以為所說名也。苟如是，則晏子、虞卿、呂氏、陸賈，其書篇第，本無年月，而亦謂之春秋，蓋有異於此者也。」

〔註2〕見呂思勉撰《經子解題》，頁168。

不韋乃集儒書（梁玉繩曰：意林注儒士是也），使著其所聞，爲十二
紀八覽六論訓解各十餘萬言，備天地萬物古今之事，名爲呂氏春秋。

畢沅《呂氏春秋新校正》云：

> 愚案以十二紀居首，此春秋之所由名也，漢書藝文志雜家載呂氏春
> 秋二十六篇，不稱呂覽，鄭康成注禮記禮運，故聖人作則，必以天
> 地爲本一節云：天地以至於五行，其制作所取象也，禮義人情，其
> 政治也，四靈者，其徵報也，此則春秋始於元終於麟包之矣。呂氏
> 説月令而謂之春秋，事類相近焉。……據此則自漢以來皆以呂氏春
> 秋爲正名，至於行文之便，則容有不拘耳。

畢氏泥於〈禮運〉注疏，謂〈十二紀〉居首，爲「春秋」所由名，然古書以
「春秋」名之者甚多，未必皆以「紀」爲首，呂氏駁之是也。然而呂氏以〈序
意〉居〈十二紀〉之末，而言〈十二紀〉爲全書之末，則未必然也。章學誠
《文史通義‧詩教下》云：

> 韓非之書，今存五十五篇矣，而秦王見其五蠹孤憤，恨不得與同時，
> 是五蠹孤憤，當日別出獨行，而後世始合之明徵也。呂氏春秋自序
> 以爲良人問十二紀，是八覽、六論，未嘗入次也。

孫人和於《呂氏春秋集釋等五書》之序中，亦主此說，同時更明言呂不韋著
書之旨，當在〈十二紀〉，曰：

> 十二紀初爲一部，蓋以秦勢彊大，行將一統，故不韋延集賓客，各據
> 所聞，撰月令，闡圜道，證人事，載天地陰陽四時日月星辰五行禮義
> 之屬，名曰春秋，欲以定天下，施政教，故以序意殿其後焉。八覽、
> 六論自可別行，觀其覽首有始，論原開春，旨趣相同，何容重複，實
> 以智略之士，各有所輯，編者混合一之，遂沿用春秋之名。太史公序
> 紀於末，又曰：不韋遷蜀，世傳呂覽，序於末者，意甚尊之，非謂其
> 次第必如此也。稱呂覽者，則行文之便矣，不韋著書之旨，當在十二
> 紀，則覽論置前殿末，竝無不可，不得拘滯於馬遷之文也。

故呂書編次，當如高誘所云，且其書〈序意〉亦明言〈十二紀〉才是《呂氏
春秋》之骨幹，而非〈八覽〉、〈六論〉，〈序意〉云：

> 維秦八年，歲在涒灘，秋甲子朔，朔之日，良人請問十二紀，文信
> 侯曰：嘗得學黃帝之所以誨顓頊矣。爰有大圜在上，大矩在下，汝
> 能法之，爲民父母，蓋聞古之清世，是法天地，凡十二紀者，所以

> 紀治亂存亡，所以知壽夭吉凶也。上揆之天，下驗之地，中審之人，
> 若此則是非可不可，無所遁矣。

〈十二紀〉居前，正因其本爲全書所重。綜觀呂氏全書也以〈十二紀〉最有系統，最爲嚴謹，實爲《呂氏春秋》全書之最高指導原則。

二、內容方面

就《呂紀》之內容而言，〈十二紀〉乃條舉王者十二月行事之綱領，配合天地陰陽五行之生勝，〈覽〉〈論〉所言道術，是爲方法，統國君於天子之下，方法於綱領之中，此〈十二紀〉所以爲呂氏一書思想總綱之因也。其論十二月之王者施政，旨在注意政綱與四時輪序之配合，不違五行之德，具言春生、夏長、秋收、冬藏，即古不違農時之意，《周書‧周月》云：

> 萬物春生夏長，秋冬收藏，天地之正，四時之極，不易之道。

〈十二紀〉即順此自然時序與作用，安排四時十二月之生活政令，此可由其所列之篇目看出：

　　孟春紀　孟春　本生　重己　貴公　去私

春之時序爲首，作用爲生，〈孟春紀〉紀首後第一篇爲〈本生〉，言政治是以養育人民生命爲本，人主不能不設官以爲治，立官所以全生，故云：

> 始生之者，天也；養成之者，人也，能養天之所生而勿攖之，謂之
> 天子。天子之動也，以全天爲故者也，此官之所自立也，立官者以
> 全生也，今世之惑主，多官而反以害生，則失所爲立之也。（本生）

由〈本生〉而〈重己〉，即是尊重個人生命，公與私相對，由〈重己〉而〈貴公〉，必須以人民爲貴，方能全人民之生，〈貴公〉則必須〈去私〉，故云：「王伯之君亦然，誅暴而不私，以封天下之賢者，故可以爲王伯。」（去私）

　　仲春紀　仲春　貴生　情欲　當染　功名

　　季春紀　季春　盡數　先己　論人　圜道

〈仲春紀〉與〈季春紀〉十篇文章，俱本「生」之觀念而安排其政治理論，雖偶流於附會，但所以言人君當示民以仁義，以與春氣相感，亦用心良苦矣。

夏秋冬各紀之政治思想安排，其用心亦同於春季三月，夏長即指夏季三月，萬物因陽氣正盛而發育成長，相應於人之長成，故於此時言勸學、言修樂，示民以長養之理，其篇目如下：

　　孟夏紀　孟夏　勸學　尊師　誣徒　用眾

| 仲夏紀 | 仲夏 | 大樂 | 侈樂 | 適音 | 古樂 |
| 季夏紀 | 季夏 | 音律 | 音初 | 制眾 | 明理 |

秋收則因陰氣漸盛，萬物皆因成熟而可收穫，秋之「盛德在金」，金屬殺戮，於秋時言蕩兵、言振亂，所以相應於萬物凋落所表現之刑殺，〈仲秋〉〈孟秋紀〉俱論用兵之道，而〈季秋紀〉除「順民」言不可以刑戮迫民，須順民心爲本，〈知士〉、〈審己〉、〈精通〉三篇均未直接言及刑罰，徐復觀先生以爲：

> 秦自商鞅以來，以刑罰爲治，呂氏春秋一書，欲以扭轉秦的政治方
> 向爲職志，故特略刑罰而不言；特於精通篇言精誠感通之道，使君
> 臣上下，如骨肉之親，因而疾病相救，憂患相感，生則相歡，死則
> 相哀；如此，則刑罰亦可錯而不用。〔註3〕

秋季三月，其篇目如下：

孟秋紀	孟秋	蕩兵	振亂	禁寒	懷寵
仲秋紀	仲秋	論威	簡選	決勝	愛士
季秋紀	季秋	順民	知士	審己	精通

冬藏，所以言節葬安死，因冬季「盛德在水」，相應於冬時萬物衰死，人死則藏，此可於〈孟冬紀〉之〈節葬〉、〈安死〉、〈異寶〉、〈異用〉四篇見其意，至於〈仲冬〉、〈季冬〉二紀，徐復觀先生以爲：

> 仲冬紀至忠、忠廉兩篇，所以辨忠臣之分，當務一篇，所以辨事理
> 於疑似之間，長見一篇乃言政治上遠見，此皆與冬季無密切關連。
> 季冬紀士節、介立、誠廉、不侵四篇，乃所以勵士節、明士志，東
> 漢的名節，皆可在這些地方得到一些線索。冬季氣象嚴肅堅定，或
> 即以此爲士節士氣之象徵，所以便安排了這四篇文字。〔註4〕

冬季三月之篇目爲：

孟冬紀	孟冬	節葬	安死	異寶	異用
仲冬紀	仲冬	至忠	忠廉	當務	長見
季冬紀	季冬	士節	介立	誠廉	不侵

《呂氏春秋》舉春秋以包四時，〈十二紀〉每紀下列四篇，一季則有十二篇，正所謂散四時於十二月，每篇均合以當季之作用，雖難免有牽合之處，然其

〔註3〕見徐復觀撰〈呂氏春秋及其對漢代學術與政治的影響〉。《大陸雜誌》四五卷
　　　三期。
〔註4〕同註3。

目的是在使思想與各「紀」之氣相應，以收天人感通之效。唯治道萬端，其〈十二紀〉不能盡者，則別立〈覽〉〈論〉申之。蓋呂書之思想體系，天子必須法天、順天而施政，逆之則有咎災，若〈十二紀〉紀文即本此，先條陳其綱，繼之以〈覽〉〈論〉所詳，備言君道與治術，臣道與士節，月紀與政令等，舉凡政令之設施，人民之舉措，無不以此為準繩。

　　《呂氏春秋》一書，舊本雖題呂不韋所撰，實則不韋門下賓客所作，《史記》已載，其著書動機，則見於〈呂不韋列傳〉：

> 當是時，魏有信陵君，楚有春申君，趙有平原君，齊有孟嘗君，皆下士，喜賓客以相侵，呂不韋以秦之彊，羞不如，亦招致士，厚遇之，至食客三千人。是時諸侯多辯士，如荀卿之徒，著書布天下，呂不韋乃使客人人著所聞。……號曰呂氏春秋。

由是而論，不韋著書，乃在爭勝爭名，顯名炫世，故梁啓超先生詆之為不學無術之大賈，著書乃在務炫博譁世而已。〔註5〕然元陳澔之《禮記集說》云：

> 呂不韋相秦十餘年，此時已有必得天下之勢，故大集群儒，損益先王之禮，而作此書，名曰春秋，將欲為一代興王之典禮也，故其間亦多有未與禮經合者。其後徙死，始皇并天下，李斯作相，盡廢先生之制，呂氏春秋亦無用矣。

是以該書或有重覆矛盾之處，同時諸家思想雜陳，但並非漫無標準，其旨在調和諸家學說精義，而對當時之政治風氣下針砭，部分地方甚且明數秦國先王之過，可見其欲為一代興王典禮之野心，而其中心思想即〈十二紀〉。徐復觀先生以為《呂氏春秋》以「紀」為骨幹，思建立政治上之最高指導原則，允為至論，其論云：

> 呂氏春秋有序意一篇，不綴於全書之後，而綴於十二紀之末，且自名其書為春秋，正係概括十二紀以立名。則呂氏及其門客的心目中，此書的骨幹，是十二紀而不是八覽六論，至為明顯，序意說……上面一段話，正概括了十二紀的內容；而其著十二紀之目的，乃以秦將統一天下，想預為其建立政治上之最高指導原則，其十二紀所不能盡，或尚須加以發明補充者，乃為八覽六論以盡其意。〔註6〕

〔註 5〕見梁啓超著《諸子考釋》，頁 104～105。
〔註 6〕同註3。

第二節　〈十二紀〉紀首爲古農曆書之發展

　　呂氏賓客所設計之〈十二紀〉，將陰陽消息，播於五行，散於四時。其中採自〈夏小正〉配合農時之說，自是帝王敬授民時之遺志，《尙書‧堯典》載云：「乃命羲和，欽若昊天，歷象日月星辰，敬授人時。」言堯於是命羲氏、和氏，敬順上天，屢次觀測日月星辰之行迹，據以釐定時令，頒授民眾，自此之後，歷代朝廷莫不重視曆法之編定，並依天象變更，時作修改，高平子先生曾對曆法二字下一定義：

> 所謂曆法者，其要在於順應天行，制爲年月日時配合之規則，以預期天象之回復，節候之來臨，俾人類社會之活動，一切民生日用之作息皆可納入一定周期之中。〔註7〕

凡事有所準備，才可收事豫則立之效，此亦中國古曆之要義，基本旨即在於「敬授人時」，而以「合天」爲最後考驗。

　　中國古代天文學可分爲兩派，一派是天文觀測家，如《周禮》之保章，其主要工作是觀測恆星、流星、慧星等之隱現，雖多涉及災祥，亦是根據實測加以記載；另一派則爲實用天文學家，即曆法家，如《周禮》之馮相，其主要工作乃在推算日月五星行度，注重觀察和推算，即實踐和理論相結合，古代曆法即爲天文學之實用。〔註8〕後世之治曆明時，亦本此理。紀錄一年十二月之節候、物產，以適應農業社會之需要，在我國當起源很早，古代農民每到四季農作之時，往往可見不同星辰之出沒隱現，經長期經驗之積累，於是仰觀天象，即可知節氣轉變，以便利農業生產，如《左傳》昭公元年載云：

> 高辛氏有二子，伯曰閼伯，季曰實沈，居于曠林，日尋干戈以相爭討。后帝勿臧，遷閼伯于商丘主辰，商人是因，故辰爲商星；遷實沈於大夏主參，唐人是因，以服事夏商。

古以大星建時，二族建時之星不同，亦即曆法不同也。又〈堯典〉載云：

> 日中星鳥，以殷仲春。厥民析；鳥獸孳尾。……
> 日永星火，以正仲夏。厥民因；鳥獸希革。……
> 宵中星虛，以殷仲秋。厥民夷，鳥獸毛毨。……
> 日短星昴，以正仲冬。厥民隩；鳥獸氄毛。……

即以四星分配四時。他如古一年或曰一祀，殷商卜辭及周初金文典籍皆曰祀，

〔註7〕見高平子撰〈漢曆因革異同及其完成時期的新研究〉，收入《學曆散論》。
〔註8〕見陳遵嬀著《中國天文學史‧古代天文學史編》第二章，頁29～30。

卜辭晚期亦曰年，年字從禾，此蓋農業漸興，故以一年收成稱一秅。有原始農業後，先民即已開始對天文之探索，今從一些出土陶器紋飾圖案，可得知石器時代其對日月、雲氣等之觀察，此外，傳說黃帝考定星曆，建立五行，起消息，正閏餘，其說雖未必可靠，但吾人可由當時農牧狀況考知其時對於日月星辰，四季變遷已有一定認識，農業與節候既不可分，古人必定加以重視而有所記錄，目前可見有關於此之完整材料，有《大戴記》中之〈夏小正〉，《周書・周月》、〈時訓〉，以及《管子》之〈四時〉、〈五行〉、〈幼官〉等篇，《呂氏春秋・十二紀》紀首即吸收上述資料，加以發展整理成一體系。

一、〈夏小正〉

遠古時代，人們在與自然搏鬥中，逐漸認識自然界裏各種現象，因農牧業發展而掌握年之週期，由於春耕、夏長、秋收、冬藏，種種農事活動皆與季節變化緊密配合，而季節變化之週期即為一年。〈夏小正〉相傳為夏代曆法，其主要內容就是根據觀察天象、鳥獸等自然現象定季節、月分，和農事活動相對應，藉以指導農牧業，進而配合各種人事行政，作為一年十二月中全民活動之依據。〈夏小正〉經文依孔廣森之統計僅有四百七十字，却可分為一百二十一節，文字十分精簡，所牽涉之範圍，如天文、曆法、物候、人文等相當廣泛與專門，此書「上紀星文之昏旦、雨澤之寒暑、下陳草木稊秀之候，蟲羽飛伏之時，旁及冠昏祭薦耕種蠶桑之節，先王所以敬授人時，與明堂月令實表裏焉。」〔註9〕其書材料之宏富可略窺一斑。此後《呂氏春秋・十二紀》《淮南子・時則》等時令之作，莫不以此為依歸，因此畢沅推崇此書云：

> 小正于天象、時制、人事、眾物之情，無不具紀，洵為一代之巨憲。
> 〔註10〕

《禮記・禮運》云：

> 孔子曰：我欲觀夏道，是故之杞，而不足徵也，吾得夏時焉。

鄭玄注云：

> 得夏四時之書也，其書存者有小正。

《史記・夏本紀》太史公曰：

> 孔子正夏時，學者多傳夏小正。

〔註 9〕見孔廣森撰《大戴禮記補注》篇首。
〔註10〕見畢沅撰《夏小正考注》自序。

蔡邕《明堂月令論》云：

> 戴禮夏小正傳曰，陰陽生物之候，王事之次，則夏之月令也。

以〈小正〉爲夏時之書，自漢以來學者大抵承認。王應麟《玉海‧時令》引朱子發云：

> 夏小正者，夏后氏之書，孔子得之於杞者，夏建寅，故其書始于正月。

杞爲夏後，猶用夏正，或藏有其先代之典籍，故〈夏小正〉雖未必爲夏代遺籍，但很可能爲孔子得之於杞之文獻，汪玿云〈夏小正〉：

> 較之逸周書之周月解、呂不韋之月令、淮南子之時訓，尤爲古質，絕非周秦間人所造。特祖龍灰爐，篆隸承訛，脫簡或所不免，其爲古書無庸疑也。〔註11〕

因此書時代較早，文字自然較爲質樸，以之與後世時令之作相較，亦不見陰陽家之思想，可見其創作年代相當早，近人莊雅州先生對此亦有論述：古書之寫作，多經長期增訂始成定本，未必全爲同一時代所記。〈夏小正〉記正月「初昏參中」與〈月令〉相同，記五月「初昏大火中」則比〈月令〉早一月，此其矛盾之處。日人能田忠亮《夏小正星象論》云：「夏小正在星象記事方面殆無錯簡或誤寫，只有十月「初昏南門見」例外。其星象顯示的時代當自紀元前兩千年開始，而參中及織女正東（北）鄉之記事則以紀元前六百年左右較爲合適。是夏小正乃從夏代到春秋爲止的產物。」故而〈夏小正〉一方面可反映春秋時代之星象，同時也保留某些邃古之天文資料，因此〈夏小正〉很可能爲春秋時代杞國人所傳先世典籍，歷經傳寫補充，始成定本。〔註12〕

畢沅《夏小正考注》自序云：

> 今檢論經月所列觀象授時諸事，與尚書堯典日中星鳥、日永星火、宵中星虛、日短星昴之旨合。

又阮元序孔廣森《大戴禮記補注》云：

> 夏小正爲夏時書，禹貢惟言地理，茲則言天象，與堯典合。

夏承唐虞，《虞書‧堯典》已載有觀象授時之制，〈堯典〉肇基而〈小正〉衍而廣之，咸以天文觀察物候時令、綱紀人事，第古籍紀述先代典章，大都有其歷史根據，今觀《周書‧時訓》〈呂紀〉〈月令〉等，紀述事物，雖較〈小

〔註11〕見汪玿撰《大戴禮記注補》目錄。
〔註12〕見莊雅州著《夏小正析論》，頁8～9。

正〉繁衍，究其內容，仍因「小正」，下至《淮南·時則》皆一系統之演變。唯〈堯典〉〈小正〉均不言災祥，自《周書·時訓》以下，則多雜陰陽家言，去〈小正〉愈遠矣。

　　《周書》內容駁雜，真偽相揉，歷代學者均有論辨，而〈周月〉、〈時訓〉兩篇，多以為為先秦之遺月令，《周書》時令，見於第六卷之〈周月解〉、〈時訓解〉、〈月令解〉三篇，今或存或亡，異說紛紜，〈周月〉第五十一，統述夏商周三統及一年十二月之中氣，其中並已出現陰陽觀念，其與〈夏小正〉當無關連。〔註13〕〈時訓〉第五十二，總述一年節候，不以月為單位，而以二十四氣劃分一年，始於立春，終於大寒，鑿然清晰，名目完整，以五日為一候，節氣中氣間，相去三候，唯二十四節氣之完成，論者多以為在秦漢之際。〔註14〕然就通篇觀之，〈時訓解〉形式整齋，二十四節氣下，考其所記物候及徵表節候之動植物敘述、咎徵發作之由，很明顯為繼承〈夏小正〉而來，王夢鷗先生曰：

　　周書時訓解云：「驚蟄之日，桃始華，又五日，倉庚鳴，又五日，鷹化為鳩。」此以驚蟄為二月節，以雨水為正月中，鄭玄解月令之「始雨水」為節名，因而注曰「漢始以雨水為二月節」，此言頗滋紛擾。蓋鄭氏敘月令篇已言「此本呂氏春秋十二月紀之首章」，而十二月紀即作「始雨水，桃李華」，倘使「雨水」為節名，明非自漢始也，故高誘注十二月紀，於此句下但云：「自冬冰雪，至此土發而耕，故曰：始雨水也。」藝文類聚九十六引禮記月令曰：「仲春之月，姚始華。」御覽九六七引作「驚蟄之日，桃始華。」然類聚九十一引「驚蟄之日，鷹化為鳩。」而御覽九二一引則又作「仲春之日，鷹化為鳩。」蓋二者任意節略，但亦可見周書與十二月紀之文，互相祖述，本無以異，唯周書特揭出二十四節氣之名稱耳。〔註15〕

〔註13〕黃沛榮之《周書周月篇著成的時代》嘗著論考之，以為必成於戰國末至西漢初年之間。

〔註14〕《左傳》一書已提到於二至二分時，觀察氣象之事，至《呂氏春秋》十二紀已有立春、雨水、立夏、小暑、立秋、白露、霜降、立冬等節氣名，唯兩至稱「日長至」、「日短至」，兩分並稱「日夜分」，至兩漢時期才又有驚蟄、清明等十二節氣名，《淮南子·天文訓》中，已訂有完全之二十四節氣名。

〔註15〕見王夢鷗著《禮記校證·月令斠理》。

此外，如《周書》序云：

> 周公正三統之義，作周月，辨二十四節氣之應。以明天時，作時訓。
>
> 周公制十二月賦政之法，作月令。

是以〈周月〉、〈時訓〉、〈月令〉三篇爲周公所作。月令之文，歷代各有傳本，自三代以迄秦漢，相沿不絕，三代以前已無從稽考，三代已降，則可得而言：夏月令，傳世〈夏小正〉，當爲晚出之書；殷月令，可考者唯有甲骨文中之干支表；周月令，《周書‧月令》已佚，論者以爲〈周月〉、〈時訓〉二篇；秦月令則爲《呂氏春秋‧十二紀》；前漢月令則有《淮南子‧時則》及《禮記‧月令》，唯〈周月〉、〈時訓〉二篇，雖無以證其必出於秦漢，然其時雜漢初人筆墨，高明先生《爾雅之作者及其撰作之時代》一文所言最爲得實，曰：

> 逸周書，劉知幾謂其「淳穢相參，殆似後之好事者所增益」（見史通），洪邁稱其「所載事物亦多過其實」（見容齋隨筆），李燾稱其「書多駁辭」（見汲冢周書序），晁公武稱其「記錄失實」（見郡齋讀書志），陳振孫稱其「文體與古書不稱，似戰國後人依倣爲之者」（見直齋書錄解題），王應麟謂其爲「戰國之士私相綴續，託周爲名」（見漢書藝文志考證），鄭瑗則以爲「東漢魏晉間詭士所作」（見井觀瑣言），崔述謂「周書之作，蓋在戰國、秦、漢之間」（見豐鎬考信錄），今觀其書載有太子晉事，則必成於靈王之後；左傳引書之文多在篇中，或春秋時已有其書；書中雜有儒、道、名、法、陰陽、縱橫、兵權謀諸家之說，當爲戰國時人所續爲；其中周月解以日月俱起於牽牛之初，時訓解以雨水爲正月中氣，漢太初曆始云然，是則書中又有漢初人之筆墨，不得盡信其確爲周代之舊典。〔註16〕

因之，〈周月〉、〈時訓〉及《呂氏春秋‧十二紀》雖同爲古月令之遺，亦無以證其必爲〈呂紀〉之所出，序文謂周公所作，蓋亦託古以自重。

二、《詩‧豳風‧七月》

《詩‧豳風‧七月》爲古農事詩，於農業節候之記載並詳，可稱之爲一

〔註16〕見高師仲華撰《高明文輯》。

首有關物候學之詩歌,如「四月莠葽」、「五月鳴蜩」、「六月莎雞振羽」等。
周公遠尊后稷,猶存其重視農業民生之深意,「七月」毛序云:

> 七月,陳王業也。周公遭變,故陳后稷先公風化之所由,致王業之
> 艱難也。

〈七月〉既是周公陳王業,此亦可謂屬之周公之事。關於〈豳詩〉七篇之編
製,孔疏云:

> 七月,陳周公之政。鴟鴞以下不陳豳事,亦繫豳者,以七月是周公
> 之事,既為豳風,鴟鴞以下,亦是周公之事,尊周公使專一國,故
> 並為豳風也。

則〈豳風〉七篇,皆當屬之周公,成篇於西周初年,又〈七月〉有「春日遲
遲、採蘩祁祁」之句,亦見於《小雅·出車》:「春日遲遲,卉木萋萋,倉庚
喈喈,採蘩祁祁」,《小雅·出車》為周宣王之詩,〔註17〕當是套用〈七月〉
詩句,則〈七月〉成篇一定在此詩之前。

　　夏殷周三正為春秋戰國時代不同地區所使用不同之曆日制度,其主要區
別即在歲首月建不同,周曆以通常多至所在建子之月為歲首(即夏曆之十一
月),殷曆建丑(即夏曆之十二月),夏曆建寅(即今之陰曆正月),先秦古籍
所據以紀時之曆法並不統一,如《呂氏春秋·十二紀》用夏曆,〈夏小正〉亦
用夏曆,而《詩經》則視篇章不同而更改,如《小雅·四月》用夏曆,《豳風·
七月》則夏、周曆並行,此詩凡言「七月」等處是夏曆,「一之日」等處則為
周曆,毛傳云:

> 一之日,十之餘也,一之日,周正月;二之日,殷正月;三之日,
> 夏正月;四之日,周四月。

孔疏云:

> 從夏之十一月至夏之二月,皆以數配日而言之,從夏之四月至十月,
> 皆以數配月而稱之,唯夏之二月,特異常例。下云:「春日遲遲」、「蠶

〔註17〕 〈出車〉一詩,據毛序所云,當在文王之時,然《史記》《漢書》曾引此詩
及〈六月〉詩句,以為此二詩作於襄王、宣王之時,據陳喬樅《魯詩遺說
考》云:「然則史記此節蓋篇簡爛脫,僅存引詩數語;後人拾遺字,次于
「戎狄是膺」之下,遂至牴牾,宜據漢書為之補正。」應當以《漢書》之
說為是。《漢書·匈奴傳》云:「至懿王曾孫宣王興師命將以征伐之。詩人
美大其功曰:『薄伐玁狁,至於太原。』『出車彭彭,城彼朔方。』是時四
夷賓服,稱為中興。」

月條桑」皆是建辰之月，而或日或月，不以數配。

周正建子，故此詩年首皆用周曆，然夏曆與四時配合最爲妥適，正適合農業社會之須要，《周書‧周月》云：「夏數得天，百王所同。」故有周之世，夏、周曆並行。〈豳風‧七月〉雖爲歌詩，然可據之上考〈夏小正〉，下推〈呂紀〉，爲甚具價値之農業史詩。

《呂氏春秋‧十二紀》其物候部分大多是採自〈夏小正〉，而在人文思想及應用上，亦有稍加增益之處，與〈夏小正〉、《詩‧七月》相較，其異有三：

（一）〈夏小正〉、《詩‧七月》僅單純紀錄與農事相關之節候、生物等問題，供作民眾日用之參考，而未涉及政治問題。紀文則不然，有關物候部分，除參考〈夏小正〉之農事活動外，又將自然現象與人事施政結合，作一相當比附，如列舉十二月之繁瑣政令等。

（二）〈夏小正〉、《詩‧七月》皆以一年十二月紀月，上無季節，下無日數，亦未明言歲首。〈呂紀〉則以立春爲歲首，劃分一年爲春、夏、秋、冬四季，而以孟仲季區分之，以凸顯四時，又將日常生活、施政祭祀等活動都依四時五行之要求作一安排，此即陰陽家播陰陽五行於四時發展之成果。

（三）物候不僅有古今之殊，亦因南北阻絕而有差異，因此不同文獻所載之物候或有不同，如前後移易、刪略變更、時間偶有遲早之異等，〈夏小正〉記錄「雁北鄉，雉震呴」在正月，〈呂紀〉則在十二月；〈夏小正〉云「九月……王始裘」，《詩‧七月》爲「一之日……爲公子裘」，〈呂紀〉則爲「孟冬……天子始裘」，此因風雨寒暑、歲時早晚往往因時間地域不同而有差異，物候自不能像七十二候如此整齊而固定。

除以上三點外，〈呂紀〉又將天干、帝號、神名、音律、五行及種種逆時休咎組入，又發展自鄒衍以至於《管子‧四時》、〈五行〉等篇與天同氣之政治理想，結合古農曆家十二月令及陰陽五時令思想，成一與眾不同之著作。

第三節　〈十二紀〉紀首爲陰陽家之流衍

一、陰陽五行時令

陰陽二字，最早爲指稱氣象之詞，《說文》十一下雲部「霒、雲覆日也。從雲、今聲。侌，古文霒省。」段注：「今人陰陽字，小篆作霒昜。」《說文》

九勿部「昜，開也。從日一勿。一曰揚，一曰長也。一曰彊者眾皃。」段注：
「此陰陽正字也。陰陽行而侌昜廢矣。」案靁爲雲覆日，雲覆日則陰暗，故
孳乳出陰字。《說文》十四阜部「陰，闇也。水之南，山之北也，從阜、侌聲。」
昜爲開之意，乃日所昜照之處，故孳乳出陽字，《說文》十四阜部「陽，高明
也，從阜、昜聲。」陰陽二字，雖由侌昜二字孳乳而出，是天地間之基本元
素，但皆由侌昜二字之原義引申演變而來。

　　春秋時代陰陽觀念之最大發展，乃在以陰陽爲天所生六氣中之二氣，左
昭元年云：

> 晉侯使求醫于秦，秦伯使醫和視之，曰：疾不可爲也。……天有六
> 氣，降生五味，發爲五色，徵爲五聲，淫生六疾。六氣，曰……陰
> 陽風雨晦明也。分爲四時，序爲五節，過則爲災。

此時，陰陽二氣已開始與人發生關係，但與陰陽五行說中之陰陽仍有差距，
與《易傳》陰陽涵義也有距離，《易繫辭傳》中言及陰陽者，如：

> 一陰一陽之謂道。（上傳第五章）
> 陽卦多陰，陰卦多陽；其故何也？陽一君而二民，君子之道也；陰
> 二君而一民，小人之道也。（下傳第四章）
> 子曰：乾坤其易之門邪？乾，陽物也；坤，陰物也。陰陽合德，而
> 剛柔有體；以體天地之撰，以通神明之德。（下傳第六章）

至此，陰陽觀念可謂發展完成，成爲宇宙人生哲學之一支，而先秦諸子，亦
多以陰陽作爲其學說立論之根據，《管子・四時篇》云：

> 是故陰陽者，天地之大理也，四時者，陰陽之大精也。日掌陽、月
> 掌陰，星掌和。陽爲德，陰爲刑，和爲事。

陰陽正所以統攝萬物，爲宇宙間萬物形成不可缺少之兩種元素，並據以調和
宇宙人生爲一氣。洎陰陽家傳以陰陽災異，吉凶迂怪之說，並結合五行，陰
陽說乃爲之一變。

　　《史記・曆書》謂「蓋黃帝考定星曆，建立五行，起消息，正閏餘」，這
是以五行起於黃帝，然五行一詞見於經典，最早爲《尚書・甘誓》，其次是〈洪
範〉。〈甘誓〉云：

> 有扈氏威侮五行，怠棄三正。

顧頡剛以爲夏君不該知道三正，就算有三正，夏君也只能要求有扈氏守夏之

寅正，而不必要求他連丑正子正一齊奉守，﹝註18﹞而以爲此必晚出之材料。
然徐復觀先生於批評屈萬里先生所撰《尙書中不可盡信的材料》時指出：

> 古代的名詞，後人不能確定其内容的，則不必強爲之解，例如三墳
> 五典、八索九丘等，與其強爲之解，倒不如缺疑之爲愈。大傳中「三
> 正」的觀念，可能是漢初的人以此來補甘誓三正内容之缺，看不出
> 甘誓是襲用了大傳。三正一辭，到底指得是什麼，無寧採取缺疑的
> 態度，更爲妥當。……而從甘誓的思想内容看，則非常單純質樸，
> 絕找不出春秋時代及其以後所發展的有關政治道德方面的内容。所
> 以認爲此篇的原始材料，乃夏典之遺，經周代史官及孔門曾加以整
> 理過。﹝註19﹞

唯〈甘誓〉中，僅見「五行」一詞，而不見五行之目，〈洪範〉則已具備相當
素樸之五行觀，曰：

> 箕子乃言曰：我聞在昔，鯀陻洪水，汨陳其五行；帝乃震怒，不
> 畀洪範九疇，彝倫攸斁。鯀則殛死，禹乃嗣典，天乃錫禹洪範九
> 疇，彝倫攸敍。初一曰五行……一、五行：一曰水，二曰火，三
> 曰木，四曰金，五曰土。水曰潤下，火曰炎上，木曰曲直，金曰
> 從革，土爰稼穡。潤下作鹹，炎上作苦，曲直作酸，從革作辛，
> 稼穡作甘。

此言五行之性，《左傳》、《國語》，亦屢見五行，左昭二十五年：

> 則天之明，因地之性，生其六氣，用其五行，氣爲五味，發爲五色，
> 章爲五聲。

左昭十一年：

> 且譬之如天，其材有五，而將用之，力盡而斁之。

杜注：

> 金木水火土，五者爲物用，久則必有斁盡。

至於《國語》中之五行，不待穿鑿，便知是指天地間構成物質之五種元素，《國
語‧魯語上》云：

> 及天之三辰，民之所以瞻仰也；及地之五行，所以生殖也。

﹝註18﹞ 見顧頡剛撰〈五德終始說下的政治和歷史〉，《古史辨》第五冊，頁407。
﹝註19﹞ 見徐復觀撰〈陰陽五行觀念之演變及若干有關文獻的成立時代與解釋的問
題〉，《民主評論》十二卷十九～二十一期。

《國語・鄭語》云：

> 故先王以土與金、木、水、火雜，以成百物。

綜上所述，可知陰陽、五行原係二不相干之名詞，歷春秋而戰國，其演變亦來自各不相干之線索，二者實合一於鄒衍。

《漢書・藝文志・諸子略》陰陽家列有「鄒子四十九篇」、「鄒子終始五十六篇」，今皆不傳，現可略考其書之內容者，唯賴《史記・孟荀列傳》中之記載，其文云：

> 乃深觀陰陽消息，而作迂怪之變，終始大聖之篇，十餘萬言。……稱
>
> 引天地剖判以來，五德轉移，治各有宜，而符應若茲。……作主運。

又《史記・封禪書》言「鄒子之徒，論著終始五德之運」及「鄒衍以主運顯於諸侯」，今考《史記集解》兩引如淳語云：

> 今其書，有五德終始。五德各以所勝為行。
>
> 今其書，有主運，五行相次轉用事，隨方面為服。

錢穆先生以為：

> 鄒衍書，本有兩種……五德終始是「五德之次從所不勝」的，所以說「虞土夏木殷金周火」。而「五行相次轉用事，隨方面為服」是東方木、南方火、中央土、西方金、北方水，春夏秋冬，相次用事的，如呂紀月令及淮南天文訓及魏相奏議所說。〔註20〕

則五德始終，即五德轉移與終始大聖之同義詞，主運則為明堂月令之事。然據王夢鷗先生所云：

> 鄒衍確有兩條遺說在：一是講四時改火的，是依五行相生的原理；一是講四代更迭的，是依五行相勝的原理。四代更迭，是講帝王之運；而史記所稱「主運」，毛本官本皆書為「王運」，而如淳註語亦作「王運」；……然則〈主運〉篇豈不就是那依相勝原理而言四代更迭的帝運嗎？至於「終始大聖」，依我們所知司馬遷用「大聖」二字，是指受命而帝者，既指受命而帝的終始，豈不又與「主運」相同？因此我們認為「終始大聖之篇」就是「主運」，……至於「月令」一類，隨方面為服的，只講一年之中王者施政的終始，可能都是鄒衍套取古月政之書而加陰陽五行化，成為「王居明堂」之禮。〔註21〕

〔註20〕見錢穆〈評顧頡剛五德終始說下的政治和歷史〉，《古史辨》第五冊，頁621。
〔註21〕見王夢鷗著《鄒衍遺說考》，頁54～55。

是以「主運」即「終始大聖」之篇，以五行相勝之原理而言四代更迭；「五德終始」則爲後世明堂月令之文，以五行相生之說，月令時序終始爲本，所謂小終始也。然鄒衍所作「五德終始」，並非〈呂紀〉〈月令〉如此整齊之十二月令，而當屬於《管子》及《淮南子‧天文訓》中所列時令、時政之文。

《漢志‧諸子略》云：

> 陰陽家者流，蓋出於羲和之官，敬順昊天，日月星辰，敬授民時，此其所長也。及拘者爲之，則牽於禁忌，泥於小數，舍人事而任鬼神。

《史記‧曆書》索隱司馬貞引世本云：

> 黃帝使羲和占日，常儀占月，臾區占星氣，大撓作甲子。

則羲和爲上古占日之官，執掌星曆，又《史記‧天官書》載：

> 周室衰微，史不記時，君不告朔。

《周禮‧春官》亦云：

> 太史正歲年以序事，頒告朔於諸侯。

則上古所謂占日之官，亦當屬之太史，陰陽家即爲古史官長於星曆者之餘緒，獨擅術數，其內容則如《史記》司馬談〈論六家要旨〉所云：

> 嘗竊觀陰陽之術，大祥而眾忌諱，使人拘而多所畏。然其序四時之大順，不可失也。……夫陰陽四時八位十二度二十四節，各有教令，順之者昌，逆之者不死則亡，未必然也。故曰：使人拘而多畏。夫春生夏長秋收冬藏，此天道之大經也，弗順，則無以爲天下綱紀，故曰：四時之大順，不可失也。

所謂「四時、八位、十二度、二十四節，各有教令」，今莫見其文，但傳世之同類篇章《管子‧幼官》、〈四時〉、〈五行〉、〈輕重己〉、《呂氏春秋‧十二紀》、《周書‧時訓》、《淮南子‧時則》、〈天文〉及《禮記‧月令》等均很完整，而以〈呂紀〉、《淮南子‧時則》、《禮記‧月令》較近司馬談所言而最爲齊備，唯其原始形式，似當以五時爲一年終始，即《管子》諸篇之文。

二、《管子》〈四時〉、〈五行〉、〈幼官〉篇

〈四時篇〉首尾論陰刑陽德，合以四時五行，春夏屬陽爲德，秋冬屬陰爲刑，春生夏長秋收冬藏，以生長爲陽，收藏爲陰，故曰：「德始於春，長於夏」，「刑始於秋，流於冬」，而以陰陽五行之思想架構，復與刑德相連，定四時行事，茲舉春季爲例：

> 東方日星，其時日春，其氣日風，風生木與骨，其德喜嬴，而發出
> 節時，其事號令，修除神位，謹禱弊梗，宗正陽，治隄防，耕芸樹
> 藝……

政順時則吉，逆時則凶，故云：

> 是故春行冬政則雕，行秋政則霜，行夏政則欲。

春夏發政與陽德攸關，春三月以甲乙之日發五政，甲乙五行屬木，爲春，故
發爲五政，亦循春生之義。夏秋冬三季亦然，並以四季分屬東南西北四方，
而以中央土輔四時入出：

> 中央日土，土德實輔四時入出，以風雨節土益力。……其德和用平
> 均，中正無私，實輔四時，春嬴育，夏長養，秋聚收，冬閉藏，大
> 寒乃極，國家乃昌，四方乃服，此謂歲德。

以此方位爲主，配日月星辰，四時之氣，及所生五行生物，傅以刑德，輔以
政令逆時休咎，有鄒衍「五行相次轉用事」之意味，而更趨嚴密。

〈五行篇〉乃是區劃一年爲五節，每節七十二日，木火土金水五行，各
主七十二日以行御，一歲爲三百六十日，備載其行事號令，順時政之祥及逆
時政之殃，茲舉「甲子木行御」爲例：

> 日至，睹甲子木行御，天子出令，命左右士師內御，總別列爵，論
> 賢不肖士吏、賦秕，賜賞於四境之內……時則不凋，七十二日而
> 畢。……睹甲子木行御，天子不賦不賜賞而大斬伐傷，君危，不殺，
> 太子危，家人夫人死，不然，則長子死。

本篇論五節行事與〈四時〉同，唯土亦寄七十二日，非如〈四時〉所云「輔
四時入出」而不寄日數，其一年五節行事，各分七十二日，亦較〈四時篇〉
一時三月細密，且已以五方配五神、五官、五鐘，乃五行時令之一大進步。

他如《管子・幼官》區劃一年爲五時，五時各有行事號令及順時逆時之
災祥，此與〈四時〉、〈五行〉同，唯文字稍異。言及日數，則僅〈四時〉有
之，春秋二時，言十二者八，計一百九十二日；冬夏二時，言十二者七，計
一百六十八日，合一年爲三百六十日，此與〈五行篇〉同，而更細密。且已
有後世通用之節氣名，如清明、大暑、小暑等，以四時五行與五數、五色、
五味、五氣、五火、五獸相配，更近於《呂氏春秋・十二紀》，其所列五時服
色、飲食、蟲獸以及各種教令禁忌，都可視作〈呂紀〉之祖本。復以陰陽五
行之說，資以用兵，以之配旗物、兵器、用刑，或即兵陰陽家之肇始。

究之《管子‧四時》、〈五行〉、〈幼官〉篇與〈呂紀〉之歧異，有以下數點：

（一）就「土」之配置而言：〈呂紀〉為使四時均等，故其分配五行於四時為：春木三月，夏火三月，秋金三月，冬水三月，中央土，有位無時，此與〈四時篇〉所載「中央土，土德實輔四時入出」之說相似，然其原始分配，當如〈五行篇〉所言，每行各當御七十二日，因五德轉移，而成三百六十日一終始循環。

（二）就一年之成歲而言：據〈呂紀〉所保存之資料得知，一年十二月，每月各有三十日，季夏季冬兩月，各加二日，因此一年實得三百六十四日。〈五行〉、〈幼官〉一年僅三百六十日。

（三）《管子》書中篇章是以四時為準，如〈四時〉以三月為一時，〈幼官〉未記錄月份，〈呂紀〉則劃分一年為十二月以配合四時，此因《管子》乃陰陽家五時令之擴展，〈呂紀〉則結合古曆書之十二月令及陰陽家之五時令而成，即陰陽家把古曆之十二月，滲入陰陽消息、五行生剋之說，改為五時，把普通曆譜，變成迂怪之曆譜，至〈呂紀〉乃將二者結合。

（四）兩者之歲首不同：〈呂紀〉以立春為始點，《管子‧五行》則以冬至為起始，其文云：「日至，甲子……」，〈四時篇〉則未明言歲首，〈幼官篇〉之原文次序已經改易，無資證明其記事起點，然據其後「幼官圖」之排列，亦當以冬至為始。〔註22〕

陰陽五行家之思想，來源殊方，有源於古星曆卜筮者，有源於古史及民間知識者，要之，皆古術數之餘。其中之天命思想、機祥災異、治曆授時等，蓋以推天道、明人事，管、呂採以為文，上以推源流，下以考流變，而歸本於鄒子。鄒衍之書，今皆亡佚，而《管子》之〈四時〉、〈五行〉、〈幼官〉等篇，存明堂舊典，具月令雛形，實鄒衍之遺說。至於〈呂紀〉，陰陽五行已與四季十二月等各項事物牽合在一起，相互配合，成為一相當完整之體系。

第四節　〈十二紀〉紀首為五時令與十二月令之結合

所謂時令、月令，乃包舉天時及其所列政事，合而言之，即為承天治人之施政綱領。其中「令」之處，於《禮記‧月令》之前，多不稱為令，如《管子》諸篇，皆稱為政，即天子之行政大綱，〈呂紀〉稱紀，亦是為執行此種政

〔註22〕參見王夢鷗著《陰陽五行家與星曆及古筮》，頁522及《禮記校證》，頁542～543。

令之王者所作之設計。〈夏小正〉十二月紀事，僅記錄十二月中可作爲定時標準之天象、節候、生物及各月重要人事活動，而爲全民所取法。《管子》諸篇，則已滲入陰陽家言，以四時爲準，其目的即在於順天時，而天時即爲具備陰陽消息與五行生勝作用之循環，此可由《管子》書中之三篇時令設計見其梗概，所謂時令政事，完全按照五德轉移及「五行相次轉用事，隨方面爲服」之規定安排。自陰陽家以陰陽五行論四時行政，〈呂紀〉、《淮南子・時則訓》，《禮記・月令》等篇繼之，其說轉甚。〈呂紀〉參照〈夏小正〉著一年十二月之天文人事，更張五時爲十二月，依陰陽消息與五行相生之基本觀念，安排四時十二月政令，成爲後世「月令」之張本，王夢鷗先生云：

> 我們懷疑鄒衍所作五德轉移之說，並非月令一類的設計，而是時令一類的設計。因爲把月令與時令兩種設計比而觀之，則顯然可見月令只是時令之政事敍列得更繁瑣而搭配於十二月而已，其餘關於五德的安排，五行相次轉隨方面爲服的規定，就完全依舊。質言之，月令是出於鄒子之徒的踵事增華，而時令則是它的粗胚，或用作政綱，或用作農曆。〔註23〕

茲列舉〈呂紀〉與〈夏小正〉，《管子・四時》、〈幼官〉篇作一比較，以見其發展衍化之迹。〔註24〕

一、天文曆法

夏小正	管子四時篇	管子幼官篇	呂 紀	附 註
正月……鞠則見，初昏參中，斗柄懸在下。	春三月以甲乙之日發五政。	五和時節 十二、地氣發，戒春事。十二、小卯出耕。十二、天氣下、賜與。十二、義氣至、修門閭。十二、清明、發禁。十二、始卯、合男女。十二、中卯。十二、下卯。三卯同事。八舉時節。	孟春之月，日在營室，昏參中，旦尾中。其日甲乙。	案：〈夏小正〉及〈呂紀〉以立春爲歲首，《管子》二篇則以冬至爲始點。又〈幼官〉篇首列「五和時節」即中央土，〈四時篇〉列於夏三月之前，俱有位無時。
二月……丁亥萬用入學。			仲春之月，日在奎，昏弧中，旦建星中。其日甲乙。	
三月……參伏見。	中央土，輔四時入出。		季春之月，日在胃，昏七星中，旦牽牛中。其日甲乙。	

〔註23〕見王夢鷗著《鄒衍遺説考》，頁83。

〔註24〕周正建子，以冬至爲起點，《管子・五行》、〈幼官〉篇皆始於冬至日，而〈呂紀〉則以立春爲起點，然《管子》諸篇時令記載，仍循夏時，蓋因夏曆爲最合「敬授人時」理想之曆法，其五行生勝之理亦依此分配。

四月，昴則見，初昏南門正。	夏三月以丙丁之日發五政。	十二、小郢、至德。十二、絕氣下，下爵賞。十二、中郢、賜與。十二、中絕、收聚。十二、大暑、至盡善。十二、中暑。十二、小暑、終。三暑同事。七舉時節。	孟夏之月，日在畢，昏翼中，且婺女中。其日丙丁。
五月，參則見……初昏大火中。			仲夏之月，日在東井，昏亢中，且危中，其日丙丁。
六月，初昏斗柄正在上。			季夏之月，日在柳，昏星中，且奎中。其日丙丁。
七月……漢案戶……初昏織女正東鄉……斗柄懸在下則旦。	秋三月以庚辛之日發五政。	十二、期風至、戒秋事。十二、小卯、薄百爵。十二、白露下、收聚。十二、復理、賜與。十二、始節、賦事。十二、始卯、合男女。十二、中卯。十二、下卯。三卯同事。九和時節。	孟秋之月，日在翼，昏斗中，且畢中。其日庚辛。
八月……辰則伏……參中則旦。			仲秋之月，日在角，昏牽牛中，且觜巂中。其日庚辛。
九月，內火			季秋之月，日在房，昏虛中，且柳中。其日庚辛。
十月……初昏南門見。……織女正北鄉則旦。	冬三月以壬癸之日發五政。	十二、始寒、盡刑。十二、小榆、賜予。十二、中寒、收聚。十二、中榆、大收。十二、寒、至靜。十二、大寒、之陰。十二、大寒、終。三寒同事。六行時節。	孟冬之月，日在尾，昏危中，且七星中。其日壬癸。
十有一月			仲冬之月，日在斗，昏東壁中，且軫中。其日壬癸。
十有二月			季冬之月，日在婺女，昏婁中，且氐中。其日壬癸。

由以上資料之比較，可得以下幾點結論：

（一）中星之記載，與農業社會日出而作，日入而息之生活習慣及農作季節性之變化有很大關係，〈夏小正〉已載有昏旦星，相較之下《管子》數篇更重視陰陽五行生勝之理，故而不著力於日月中星之觀測。〈呂紀〉中除中星外，尚載有日躔、其日等，可見〈十二月紀〉於承繼古曆書之餘，又加入新資料，冀能包舉天文人事，窮究天人之際。

（二）利用干支紀日，起源很早，甲骨文中已有干支表，於〈夏小正〉中亦可見如「二月……丁亥萬用入學」之語，但其中並未配置五行，《管子》書中之「以甲子之日……」及〈呂紀〉「其日甲乙」之記載，很明顯已將干支

組入五行系統中。

（三）〈夏小正〉依十二月紀事，其月分由正月、二月……至十二月，有條不紊，《管子》數篇則以五時為準，〈呂紀〉雖區分十二月以記錄天象人事，但以孟仲季凸出四時之作用，此即陰陽家合四時五行而論之具體呈現。

二、節候生物

《管子·幼官》之節候已具載於第（一）項。其中已有清明、大暑、小暑等部分節氣名，〈呂紀〉亦有「是月也，以立春」、「是月也，日夜分」等記載，而〈夏小正〉中也有如「正月、啟蟄」之文，「啟蟄」即指「驚蟄」而言，由此可看出二十四節氣日趨成熟之發展。物候則是動植物受季節性氣候影響所產生之變化，《呂氏春秋》這一部分之記載，幾全承自〈夏小正〉：

夏小正	呂 紀	附 註
正 月 啟 蟄 雁北鄉 雉震呴 魚陟負冰 獺獸祭魚 鷹則為鳩 梅杏桃則華	蟄蟲始振蘇 候雁北、雁北鄉（十二月） 乳雉雛（十二月） 魚上冰 獺祭魚 鷹化為鳩（二月） 桃李華（二月）	〈夏小正〉於此尚有「囿有見韭」、「田鼠出」、「采芸」、「柳稊」、「緹縞」、「鷄桴粥」等記載。
二 月 祭 鮪 昆小蟲抵蚳 來降燕乃睇 剝鱓 有鳴倉庚	薦鮪于寢廟（三月） 蟄蟲咸動 玄鳥至 取鼉（六月） 倉庚鳴	〈夏小正〉於此尚有「往耰黍襌」、「初俊羔助厥母粥」、「榮菫」、「采蘩」、「榮芸」、「時有見稊始收」等記載。
三 月 穀則鳴 妾子始蠶 祈麥實 田鼠化為鴽 柎桐芭	螻蟈鳴（四月） 省婦使以勸蠶事 乃為麥祈實 田鼠化為鴽 桐始華	〈夏小正〉於此尚有「攝桑」、「委楊」、「䍩羊」、「采識」等記載。
四 月 鳴 鳩 鳴 蜮 王負蓁 執陟攻駒	鳴鳩拂其羽 （螻蟈鳴） 王菩生 縶騰駒	〈夏小正〉於此尚有「鳴札」、「囿有見杏」、「取荼」、「莠幽」之記載。

五　月	鳲則鳴 良蜩鳴 啓灌藍蓼 唐蜩鳴 頒　馬	鴂始鳴 蟬始鳴 令民無刈藍以染 （蟬始鳴） 班馬攻	〈夏小正〉於此尚有「浮游有殷」、「乃瓜」、「匽之興五日翕望乃伏」、「鳩爲鷹」、「煮梅」、「蓄蘭」、「菽糜」之記載。
六　月	鷹始摯	鷹乃學習	〈夏小正〉此月尚有「煮桃」之記載。
七　月	湟潦生苹 寒蟬鳴	苹始生（三月） 寒蟬鳴	〈夏小正〉此月尚有「秀藿葦」、「狸子肇肆」、「爽死」、「苹秀」、「灌荼」之記載。
八　月	丹鳥羞白鳥	群鳥養羞	〈夏小正〉此月尚有「剝瓜」、「剝棗」、「栗零」、「鹿人從」、「駕爲鼠」之記載。
九　月	遰鴻雁 陟玄鳥蟄 熊羆貙貉鼵鼬則穴 榮　鞠 雀入海爲蛤	候雁來（八月），候雁來　賓 玄鳥歸（八月） 蟄蟲俯戶（八月），蟄蟲咸俯在　穴 鞠有黃華 爵入大水爲蛤	
十　月	豺祭獸 雉入于淮爲蜃	豺則祭獸戮禽（九月） 雉入大水爲蜃	〈夏小正〉此處尚有「黑鳥浴」之記載。
十一月	隕麋角	麋角解	
			案：〈夏小正〉之十二月尚有「鳴弋」、「玄駒賁」、「納卵蒜」、「隕麋角」之記載。

綜觀以上資料，〈夏小正〉物候數逾八十，〈十二月紀〉與之相同或相近者近一半，其餘或因合併刪除，分析增添而有變更，至於因候徵出現早晚時間不同，而產生前後次序移易亦所難免。由於〈夏小正〉時代較早，內容亦較單純，物候記錄之比例極高，不似〈呂紀〉因受陰陽五行學說影響，思想內容較爲駁雜，物候也逐漸淪爲附庸。

三、五行配置

　　《管子・四時》以陰陽五行配四時，以合生長收藏四季之義，又以五行配方位、日月星辰、四時之氣及其所生物類，復與刑德相連而定四時行事。〈五行篇〉則以五行配五神、五官、五鐘、五節行事，實與〈四時篇〉政令同綱。

〈幼官篇〉復益以治氣、藏德、服色、五味、五聲、用數、飲水、爨火等，與方位、四時、五行、陰陽結合而成，並言四時政令順逆之災祥。〈呂紀〉蓋本此而擴充之，除五行之配置外，更以五行配十二月之政令，唯其文長不備載，餘皆列表如下：

項目／季月	其日	其帝	其神	其蟲	其音	律中	其數	其味	其祀	祭先	居堂	乘車	駕	載	衣	服	食	其器
孟春	甲乙	太皥	句芒	鱗	角	太簇	八	酸	戶	脾	青陽左个	鸞輅	蒼龍	青旂	青衣	青玉	麥、羊	疏以達
仲春	甲乙	太皥	句芒	鱗	角	夾鐘	八	酸	戶	脾	青陽太廟	鸞輅	蒼龍	青旂	青衣	青玉	麥、羊	疏以達
季春	甲乙	太皥	句芒	鱗	角	姑洗	八	酸	戶	脾	青陽右个	鸞輅	蒼龍	青旂	青衣	青玉	麥、羊	疏以達
孟夏	丙丁	炎帝	祝融	羽	徵	中呂	七	苦	竈	肺	明堂左个	朱輅	赤駵	赤旂	赤衣	赤玉	菽、雞	高以觕
仲夏	丙丁	炎帝	祝融	羽	徵	蕤賓	七	苦	竈	肺	明堂太廟	朱輅	赤駵	赤旂	赤衣	赤玉	菽、雞	高以觕
季夏	丙丁	炎帝	祝融	羽	徵	林鐘	七	苦	竈	肺	明堂右个	朱輅	赤駵	赤旂	赤衣	赤玉	菽、雞	高以觕
中央土	戊己	黃帝	后土	倮	宮	黃鐘宮	五	甘	中霤	心	太廟太室	大輅	黃駵	黃旂	黃衣	黃玉	稷、牛	圜以揜
孟秋	庚辛	少皞	蓐收	毛	商	夷則	九	辛	門	肝	總章左个	戎路	白駱	白旂	白衣	白玉	麻、犬	廉以深
仲秋	庚辛	少皞	蓐收	毛	商	南呂	九	辛	門	肝	總章太廟	戎路	白駱	白旂	白衣	白玉	麻、犬	廉以深
季秋	庚辛	少皞	蓐收	毛	商	無射	九	辛	門	肝	總章右个	戎路	白駱	白旂	白衣	白玉	麻、犬	廉以深
孟冬	壬癸	顓頊	玄冥	介	羽	應鐘	六	鹹	行	腎	玄堂左个	玄輅	鐵驪	玄旂	黑衣	玄玉	黍、彘	宏以弇
仲冬	壬癸	顓頊	玄冥	介	羽	黃鐘	六	鹹	行	腎	玄堂太廟	玄輅	鐵驪	玄旂	黑衣	玄玉	黍、彘	宏以弇
季冬	壬癸	顓頊	玄冥	介	羽	大呂	六	鹹	行	腎	玄堂右个	玄輅	鐵驪	玄旂	黑衣	玄玉	黍、彘	宏以弇
附註	案：「其日……」當來自《管子‧四時篇》。 案：《管子‧幼官》亦以五獸爨火，唯其次序有異，為春木羽，夏火毛，秋金介，冬水鱗，中央土。 案：《管子‧幼官》之五行配置，除五氣、五火、飲水外，其五數、服色、五味、五聲均同《呂紀》。																	

上表所列，多與《管子》諸篇相符，可見其出於《管子》殆無疑義，其一年行事政令，雖分十二月，唯仍因陰陽五行排列，依時施令，唯其時令設計愈演愈密，違令咎徵則愈屬愈嚴。〈夏小正〉雖亦有各月時令敘述，所重則在農業方面，不以〈十二紀〉更包舉天文、政治、宗教、民生各方面，而陰陽五時令之設計，益增其思想上之複雜性，然亦使其具備更多發展空間。

第三章 〈十二紀〉紀首之內容結構

　　呂書以〈十二紀〉居首，正本此爲全書骨幹，舉凡天上風露星辰之變，地下草木蟲魚之化，人間居處行事之宜，無不納入架構之中，人君四時行政，必應合此天道自然，則政通人和，否則必致殃咎，順天之道爲施政之本，故〈應同篇〉云：

> 黃帝曰：芒芒昧昧，因天之道，與元同氣。故曰：同氣賢於同義，同義賢於同功，同功賢於同居，同居賢於同名，帝者同氣，王者同義，霸者同功，勤者同居，則薄矣，亡者同名，則觕矣。其智彌觕者，其所同彌觕，其智彌精者，其所同彌精，故凡用意不可不精，夫精五帝三王之所以成也。

〈十二紀〉紀首即本此原則而來，配合國家一切政令，師承陰陽家順天之最高原則，結合五德終始，時令變化，成一周密設計，乃能通乎天人之理，此亦〈十二紀〉紀首內容結構之所由生也。

第一節　天文星象

　　我國天文學起源甚早，星象曆數散見於六經，顧炎武云：

> 三代以上，人人皆知天文。「七月流火」，農夫之辭也；「三星在戶」，婦人之語也；「月離於畢」，戍卒之作也；「龍尾伏辰」，兒童之謠也。後世文學人士，有問之而茫然不知者矣！〔註1〕

先秦遺籍中，如《詩經》、《尚書》、《左傳》、《國語》、《周書》等已見天象紀

〔註1〕見顧炎武撰《日知錄》卷三十。

事，〈夏小正〉於各月昏旦星詳加記載，至〈呂紀〉，其天象記錄更爲明晰，除昏星外，日躔及中星亦出現文中，其各月天象紀事如下：

孟春之月，日在營室，昏參中，旦尾中。
仲春之月，日在奎，昏弧中，旦建星中。
季春之月，日在胃，昏七星中，旦牽牛中。
孟夏之月，日在畢，昏翼中，旦婺女中。
仲夏之月，日在東井，昏亢中，旦危中。
季夏之月，日在柳，昏心中，旦奎中。
孟秋之月，日在翼，昏斗中，旦畢中。
仲秋之月，日在角，昏牽牛中，旦觜嶲中。
季秋之月，日在房，昏虛中，旦柳中。
孟冬之月，日在尾，昏危中，旦七星中。
仲冬之月，日在斗，昏東壁中，旦軫中。
季冬之月，日在婺女，昏婁中，旦氐中。

以上皆爲重要之古代天文學史資料，尤其二十八宿名稱出現，更是一件大事。古人觀察象授時，最初只留意於四方之顯著星象，如〈堯典〉所言，堯命羲和，揭星鳥、星火、星虛、星昴之象以示人，以定四時，使人知二至二分，其後如《周禮・春官》已說馮相氏掌「二十有八星之位」，即指二十八宿。二十八宿之名，〈夏小正〉已見柳、參、斗、昴、心、房等星，〈小正〉云：「正月，鞠則見，初昏參中，斗柄懸在下。」又云：「四月，昴則見。」又云：「五月……初昏大火中。」大火即心宿，孔廣森《大戴禮記補注》云：「小正五月心中，合於堯典『日永星火，以正仲夏。』此虞夏時曆也；月令六月心中，合於左傳『火中寒暑乃退』，此周秦時曆也，恆星東行，故今差。」〈小正〉：「八月，辰則伏。」孔廣森《補注》云：「辰，晨也。」《說文解字》曰：「晨，房星。」〈小正〉：「正月，鞠則見。」鞠爲何星？諸家或以爲危室，金履祥《夏小正注》主之；或以爲虛星，洪震煊《夏小正疏義》主之；或以爲柳星，戴震聚珍版《大戴禮記》主之，孔廣森《補注》引戴震云：「鞠讀爲噣字之訛也。」噣即咮，爾雅云：「咮謂之柳。」今姑從之。二十八宿見於《詩經》者，如：《詩・召南・小星》云：「嘒彼小星，三五在東。」毛傳云：「三，心；五，噣。」以三爲心宿，五爲柳宿。又云：「嘒彼小星，惟參與昴。」〈鄘風・定之方中〉云：「定之方中，作於楚宮。」毛傳云：「定，

營室也。」〈小雅·大東〉云：「維南有箕，不可以簸揚，維北有斗，不可以挹酒漿。」又〈漸漸之石〉云：「月離於畢，俾滂沱矣。」除上已見者，又得畢、室、箕、斗等宿。餘皆散見於《左傳》、《國語》中，《左傳》莊公二十九年傳曰：「凡士功，龍見而畢務，火見而致用。」杜預集解云：「龍星：角、亢、大火、心星，次角亢。」又襄公三十二年傳曰：「歲在娵訾之口，其明年，乃及降婁。」杜解：「娵訾，營室、東壁、降婁、奎婁也。」又昭公十年傳曰：「有星出於婺女。」又三十一年傳曰：「日月在辰尾。」杜解：「辰尾，龍尾也。」據杜預五年傳之解云：「龍尾，尾星也。」此又得角、亢、尾、女、壁、奎、婁等宿。《國語·晉語四》云：「歲在壽星及鶉尾。」又云：「歲在大火」韋昭注：「自軫至氐為壽星，自張至軫為鶉尾。……自氐至尾為大火。」又得氐、軫、張三宿，夏靳先生於其〈漢以前恆星發現次第考〉一文中，統計古籍中出現之星名及星數，三代大凡星名十一，星數五十，春秋戰國星名曰二十七，星數一百四十二，合計重出為星名三十八，星數一百九十二，其中已見二十八宿完整名稱。唯自角至軫給出二十八宿全名之最早古籍為《呂氏春秋》，其〈十二紀〉已有二十四宿見於記載，只缺箕、昴、鬼、張，而又多出弧與建星，學者主張建星近斗，弧則近於井宿。呂書之星象，弧建二星，二十八宿無之，餘均見列，〈季春紀·圓道篇〉云：「月躔二十八宿，軫與角屬，圓道也。」二十八宿之名具載於〈有始覽〉，其文云：

> 中央曰鈞天，其星箕、斗、牽牛；北方曰玄天，其星婺女、虛、危、營室；西北曰幽天，其星東壁、奎、婁；西方曰顥天，其星胃、昴、畢；西南曰朱天，其星觜巂、參、東井；西南曰炎天，其星輿鬼、柳、七星；東南曰陽天，其星張、翼、軫。

《史記》亦全見二十八宿之名，《史記·律書》記有二十八舍，唯以建、罰、狼、弧代斗、觜、井、鬼，〈天官書〉雖列舉二十八宿之名，而敘述次序與今不同。

近人研究二十八宿為黃道，赤道間之二十八個據點，古人以之作為測時標準，日人新城新藏以為二十八宿是沿黃道附近而劃分，因其考慮二十八宿之設置為月躔所繫。[註2] 我國古時以太陽運行於天上之軌道為黃道，一年三百六十五又四分之一日，即移三六五·二五度，月亮相對於太陽平均以二十九日半稍強，繞行天球一周，稱為白道，先民於黃白之交，劃分二十八宿，

〔註 2〕見陳遵媯著《中國天文學史·星象篇》，頁 65。

作爲天區之主體。然而陳遵嬀先生以爲其未考慮我國古代天文學之特點，因爲早在漢代以前，即已建立明確之赤道坐標體系，後漢時代，賈逵首次設計並製造黃道渾儀，在此以前，我國觀測日月五星及其它星象，均以赤道坐標爲尺度。且由二十八宿星象選取來看，天市、太微、軒轅都近於黃道而不用，獨選用黃道以北之危、虛、室、壁和遠在黃道以前之柳、星、張、翼，用歲差計算，約距今三千五百年以前，冬至在虛、夏至在星、春分在昴、秋分在房，則二十八宿多接近於赤道。〔註3〕英人李約瑟之《中國之科學與文明》亦主二十八宿創立之初是沿赤道分佈，其文云：

> 這些宿距星的赤緯不同，其分佈之法，多數的人總以爲初視之似頗爲奇異，其位置並非沿今日的赤道，乃爲沿最初選定時期的赤道分佈的。今日視圖，知其分佈的途徑在昴宿與參宿之間橫過黃道。下降至南赤緯二十度至張翼二宿再過氐心間的黃道。另劃一曲線過畢與奎，約在北赤緯二十度。如以現今每七百一十六年，歲差約西移十度計之，則可繪出西元前一千六百年天赤道的概略位置，可見大部分星宿均在這線附近。〔註4〕

此外，竺可楨先生在《二十八宿起源之時代和地點》一文中，根據歲差，推算二十八宿與赤道接近情況，傾向於二十八宿建立於西元前三千年之說。推求二十八宿與赤道相吻合之年代，距今約五千年，這可視作二十八宿體系建立之上限，記載二十八宿之最早可靠文獻爲《呂氏春秋》、《禮記·月令》等，則可視爲下限時代。民國六十七年在湖北隨縣發掘之曾侯乙墓，據考證，其墓葬年代爲西元前四三三年，其中有一書寫二十八宿之漆箱蓋，則二十八宿創立之下限年代，可提前至西元前五世紀之戰國早期。唯二十八宿之有文物可資徵考，距今約三千年，〔註5〕可見二十八宿是從殷末、歷周初於春秋戰國而燦然大備。茲依二十八宿星象分佈於各月情況，探討《呂氏春秋·十二紀》天象如下：

一、孟春：日在營室，參昏中，旦尾中

高誘注：「孟、長，春、時，夏之正月也，營室、北方宿……是月，日躔此宿。」又注：「參、西方宿……尾、東方宿……是月，昏旦時皆中於南方。」

〔註3〕同註2，頁62～63。

〔註4〕見李約瑟著《中國之科學與文明》第五冊，頁107。

〔註5〕殷商甲骨中已有「火」與「鳥」之星名，董作賓《殷曆譜》更載明已出土之武丁時代（西元前1339～1281）甲骨片，其中有「鳥」星之敘述。

所謂日躔是指太陽每月於天球運行所在，可據以測時，而昏旦中星乃指黎明或黃昏時，出現於南方中天之星象，古人用以決定一年四季，古代雖以昏旦星並舉，大體重昏星，〈夏小正〉中所據以測時者多為昏星，呂書〈十二月紀〉，除昏旦中星外，兼載日躔，至西漢以後，天文家乃專重日躔度數，洪震煊〈夏小正昏旦星說〉云：

> 有一月日躔即可得餘月日躔，而每月晨見、昏見、晨中、昏中、伏、內諸星，又可以定每月日躔所在。得每月日躔，亦可以驗每月昏旦星也。

可見日躔與昏旦中星可相為用，皆是古人測時之依據，孫希旦《禮記集解》云：

> 案漢三統書正月節，日在危十六度，正月中，日在營室十四度。

又云：

> 星無時不有中者，以昏時初見，旦時將沒，而東西去日為近，易於推算，故候中星者，必以昏星旦星為主，而尤以昏時為要。〔註6〕

營室為室宿，《石室星經》〔註7〕云：「室名營室，為北方玄武之宿。」又稱為定，如《詩‧定之方中》，定即室，室二星，石氏謂之一為玄宮，一曰清廟，含離宮、雷電、壘壁陣、羽林軍、鈇鉞、北落師門、八魁、天網、土公吏、螣蛇等星座，其距星相當於今日之飛馬α。

參宿，《石氏星經》云：「參七星，兩肩雙足三為心。」鄭樵云：「參總有十星，觜相侵，兩肩，霍足三為心，伐有三星足裏深。」〔註8〕所謂參十星，包括伐三星在內，為西方七宿之一，即今日獵戶座諸星，為古之重要中星，農事坐息，常以其見伏為依歸，如〈夏小正〉云：「正月、初昏參中。」「五月，參則見。」「八月，參中則旦。」等。

尾宿為東方七宿之一，形成蒼龍尾部，左僖五年傳云：「龍尾伏辰」，杜預集解云：「龍尾，尾星也。」鄭樵云：「尾九星，鉤蒼龍尾，下頭五點號龜星，尾上天江四橫是，尾東一箇名傳說，傳說東畔一魚子，龜西一個是神宮，所以列在后妃中。」即今之天蠍座諸星，其距星即天蠍座u_1。

〔註6〕見《清儒禮記彙解》上卷二百三十五。

〔註7〕戰國時，楚人甘德著《天文星占》八卷，魏人石申著《天文》八卷，世稱《甘石星經》，西漢時，尊稱石氏之《天文》為《石氏星經》，宋後失傳。今祇可由《開元占經》中見其片段。

〔註8〕見鄭樵撰《通志‧天文略》，此節所見鄭樵云，俱出於此，以下不注。

二、仲春：日在奎，昏弧中，旦建星中

高誘注：「奎，西方宿……是月日躔此宿。」又云：「弧星在輿鬼南，建星在斗上，是月昏旦時，皆中於南方。」

奎宿爲西方白虎之第一宿，《石氏星經》云：「奎，十六星，形如破鞋底，在紫微垣後，傳舍下。」含外屏、天溷、上司空、軍南門、閣道、附路、王良等星座，其距星即今之仙女座ζ星。古人認爲辰星常以二月春分出現於奎、婁，只要春分前後，實測奎宿、婁宿，觀測約兩旬，於其它三季，也能夠按照指定星宿進行觀測。〔註 9〕孫希旦《禮記集解》云：「案漢三統書二月節，日在奎五度，二月中，日在婁四度，秦時二月節，日在奎七度。」〔註 10〕

又弧星與建星雖非二十八宿之一，而弧星近井，建星近斗，《禮記·月令》孔穎達正義曰：「餘月昏旦中星皆舉二十八宿，此昏云弧中，旦云建星中，獨非二十八宿者，以弧星近井星，建星近斗，以井斗度多，其星體廣不可的指昏旦之中，故與弧建定其昏旦之中也。」唯〈十二紀〉中，日躔必爲二十八宿，中星則不然，孫希旦以爲：「記日躔必以二十八宿，以日之所歷，唯此二十八星也。中星則不然，但值初昏時，見於子午線上而星體明大者，皆可表之以爲中星，故月令記弧建，夏小正記南門，今時憲書中星兼記五車、天狼、軒轅等十五星，亦皆在二十八宿之外也。」〔註 11〕

三、季春：日在胃，昏七星中，旦牽牛中

胃爲西方七宿之一，鄭樵云：「胃三星，鼎足河之次。天廩胃下斜四星，天囷十三如乙形，河中八星名太陵，陵北九箇天船名，陵中積尸一箇星，積水船中一黑精。」胃宿又名大梁，其距星爲今之白羊 35。

七星即星宿，爲南方七宿之一，形狀如鈎，在柳東南，《史記·天官書》云：「七星頸爲員官。」七星爲朱鳥之頸，其距星即今之長蛇α，含天相、天稷、軒轅、內平等星座。

牽牛即牛宿，古時或以河鼓即牽牛，如《爾雅》云：「河鼓謂之牽牛。」河鼓與牽牛，古今多混淆，河鼓三星爲今日天鷹座之α、β、γ三星，牛宿距星則爲摩羯β。河鼓星最初亦作爲候時標準，原有牽牛之稱，即俗稱之牛郎星，《史記·天官書》孔穎達正義云：「河鼓三星在牽牛北，主軍鼓。……

〔註 9〕 同註 2，頁 115。
〔註 10〕 同註 6，卷二百三十六。
〔註 11〕 同註 9。

自昔傳牽牛織女七月七日相見，此星也。」牛宿爲北方七宿之一，六星，含河鼓、織女、左旗、右旗、天桴、羅堰、漸台、輦道等星座。

四、孟夏：日在畢，昏翼中，旦婺女中

畢爲西方七宿之一，形似瓜叉，八星，其距星爲今之金牛 ε，包含之星座有附耳、天街、天節、諸王、天高、九州殊口、五車、柱、天潢、咸池、天關、參旗、九斿、天園等。

翼宿二十二星，大而難識，爲南方朱鳥之翅，《史記・天官書》云：「翼爲羽翮。」其距星即今之巨爵 α，大致範圍含今之巨爵及長蛇近尾部諸星，包括東甌五星之星座。

婺女即女宿，《爾雅》云：「須女謂之務女。」或作婺字，《史記・天官書》云：「婺女，其北織女。織女，天女孫也。」織女爲古人紀候之明星，〈夏小正〉記候仍用織女，然因歲差關係，織女逐漸北移，高平子先生《史記天官書今註》云：「此亦當爲最古紀節候之星，而後代以近黃道之女宿（婺女）代之。故女宿四星均極微小反列於二十八宿，而織女乃專爲神話故事之對象矣。」

五、仲夏：日在東井，昏亢中，旦危中

東井即井宿，爲南方七宿之首，因位於玉井之東，故名東井，井八星，爲今之雙子座諸星，含鉞、南河、北河、天樽、五諸侯、積水、積薪、水府、水位、四瀆、軍市、野鷄、孫、子、丈人、闕邱、天狼、弧矢、老人等星座。

亢爲東方七宿之次，《說文》云：「亢、人頸也。」此係指蒼龍之頸，鄭樵云：「亢四星，恰如彎弓狀。」含大角、折威、頓頑、陽門等星座，其距星即今之室女 κ。

危三星，在虛東北，爲北方七宿之一，《史記・天官書》云：「危爲蓋屋。」索隱引宋均云：「危上一星高，旁二星隋下，似乎蓋屋也。」含墳墓、人、杵、臼、車府、天鈎、造父、蓋屋、虛梁、天錢等星座，即今之寶瓶、飛馬座部分星辰，其距星爲寶瓶 α。

六、季夏：日在柳，昏心中，旦奎中

柳八星，形似鳥嘴，爲南方七宿之一，柳或作咮，《爾雅》云：「鳥咮謂之柳。」《石氏星經》云：「柳八星，在鬼東南，曲垂似柳。」含酒旗三星，略當今之長蛇及獅子座諸星，其距星爲今之長蛇 δ。

心為東方七宿之一，心三星在房宿東，古時都以火為心，《詩・豳風・七月流火》，朱熹注云：「七月斗建申之月，夏之七月也。流，下也；火，大火，心也。」《禮記・月令》亦云：「季夏之月……昏火中。」傳說早在顓頊時即有「火正」之官，專司大火之觀測。汪中云：「東方七宿最明大者莫如心，西方七宿最明大者莫如參，故古人多用之以紀時令。」〔註12〕心宿尚含積卒十二星，其距星即今之天蠍 α。

奎宿已見仲春之月。

七、孟秋：日在翼，昏斗中，旦畢中

翼與畢宿俱見孟夏之月。

斗為北方七宿之首，其狀似北斗而小，在天部雖為北，《史記・天官書》則稱為南斗，高平子先生以為此以赤道南北而言，則近南至，故稱南斗，〔註13〕於今之星圖為人馬座諸星，其距星為人馬座 μ 星。含建、天辨、鱉、天雞、天籥、狗國、天淵、狗、農丈人等星座。

八、仲秋：日在角，昏牽牛中，旦觜巂中

角為東方蒼龍之首，《石氏星經》云：「角為蒼龍之首，實主春生之權，亦即蒼龍之角也。去極九十三度半。」角宿是由室女 α、ζ 二星組成，上小下大，形如角，含平道、天田、進賢。周鼎、天門、平、庫樓、柱、衡、南門等星座，其距星為室女 α。

牽牛見季春之月。

觜巂即觜宿，為西方宿，在參宿右肩，三星，含司怪、座旗二星座，唯觜宿三星均為四、五等小星，地位甚促，其距星即今之獵戶座 u$_1$。

九、季秋：日在房，昏虛中，旦柳中

房宿以天蝎座四星為主，房四星，自古即為民所重，或即以之為辰，《爾雅》云：「大辰，房、心、尾。」《說文解字》云：「參，房星，為民田時者也。」陳啓源亦云：「房四星，心三星，體皆明大，舉目共見，易以曉民，宜古人多用以布令也。」〔註14〕含鉤鈐、鍵閉、罰、兩咸、日、從官等星座，《石氏星經》稱房為東方蒼龍之腹，其距星即天蝎 π。

〔註12〕見汪中撰《述學・內篇》卷一，釋震夙二文。
〔註13〕見高平子著《史記天官書今註》，頁26。
〔註14〕見陳啓源撰《毛詩稽古篇》卷三十。

虛宿爲北方宿名，早在〈堯典〉即用以測候，虛由上下二星組成，即今之寶瓶β及小馬α，鄭樵云：「虛上下各一如連珠。」含司命、司祿、司危、司非、哭、泣、天壘城等星座，其距星爲寶瓶β。

柳宿已見於季夏之月。

十、孟冬：日在尾，昏危中，旦七星中

尾宿見孟春之月，危宿見仲夏之月，星宿見季春之月。

十一、仲冬：日在斗，昏東壁中，旦軫中

斗宿見孟秋之月。

東壁即壁宿，爲北方宿，在天門東，故曰東壁，壁宿二星，其距星即今之飛馬γ，含霹靂、雲雨、天廄、扶鑕、土公等星座。

軫爲南方七宿之末，鄭樵云：「軫四星，似張翼相近。」《石氏星經》云：「軫，四星居中，又有二星爲左右轄，車象也，軫即今烏鴉座四星，其距星即烏鴉γ，含長沙、左轄、右轄、青邱、軍門、土司空、器府等星座，亦爲二十八宿之末。」

十二、季冬：日在婺女，昏婁中，旦氐中

婺女已見孟夏之月。

婁爲西方七宿之次，婁三星，其距星即今之白羊β，含左更、右更、天倉、天庾、天大將軍等星座。

氐爲東方七宿之一，《石氏星經》云：「氐，胸也，位於蒼龍之胸。」氐四星，即今星圖之天秤座四星，頗易辨認，鄭樵云：「氐四星，似斗側量米。」含天乳、招搖、梗河、帝席、亢池、騎官、陣車、車騎、天輻、騎陣將軍等星座，其距星即今之天秤α。〔註15〕

由上可知，〈呂紀〉之大略天象紀事，其各月日躔俱能與天象配合，唯其日躔與昏旦中星之出現，偶有誤差，如〈仲秋紀〉云：「日在角，昏牽牛中，旦觜嶲中。」孫希旦《禮記集解》云：「案漢三統書八月節，日在軫十二度，則漢時立秋後七日，日在角初度，秦時立秋後五日，日在角初度也。觜嶲，西方白虎之第六宿也，案漢三統書八月節，昏，斗二十六度中，旦井二度中，則秦時立秋昏時牽牛二度中也，漢時立秋旦時觜嶲已西過十一度，秦時立秋旦時當井四度中也。秋分昏旦中星相去一百八十二度有餘，八月節中星相去

〔註15〕此節所註距星，俱參照陳遵嬀撰《中國天文學者·星象篇》之二十八宿星表。

一百七十五度，加晨昏分五刻，約減十八度，當相去一百五十七度，自牽牛二度至井四度，得一百五十五度，若至觜嶲初度，止一百四十八度，一誤必矣。」究之〈十二紀〉中若此者，茲推論其因有三：

（一）〈十二紀〉中天象記載有時與原書創作時代不同，或因歲差之故，或本爲上古星象之遺，〈呂紀〉乃綜合古農曆書與陰陽家學說而成，可能因此而保留某些古代星象記錄。

（二）因觀測昏旦中星時辰不同而產生誤差，今人據昏旦中星，推斷年代，有時一刻之差而有千年之誤，由於地球自轉，一日之中出現於天球之恆星常有變動，觀測時間不同，記錄之星辰自有出入。如蔡邕以日出前三刻爲旦，日入後三刻爲昏；〔註16〕孔穎達《禮記正義‧月令》又以日入後二刻半爲始昏，不盡二刻半爲明。

（三）觀察中星乃指昏旦時出現於南方子午線上（即午位）之星辰，但因地理位置不同，也會產生差異，如以昏星爲例，緯度愈高，晝愈長，昏星出現時間也愈晚，如此南北觀測結果自然不同，相去不可以道里計。

綜觀〈十二紀〉中，雖亦記載星象，但已不如〈夏小正〉中星象記錄居於十分重要之地位，但又較《管子》諸篇更爲專注，《呂氏春秋》本爲一政治哲學著作，〈十二紀〉則爲其施政總綱，並非單純之天象記事，然於先秦遺籍中，最完整又最早將二十八宿加以記錄者爲《呂氏春秋》，其中更有首次出現於典籍者，皆足見其記事之用心，且可與載籍相印證，提供天文學家進一步鑽研。

第二節　曆法節候

人類依據日月及地球三者運轉之週期，制定年月日時配合之規則，以順應天行，預測天象之回復。尤其在農業社會，一年四季之寒來暑往，對於農作更有決定性作用，因此古代帝王均視觀象授時爲要政，旨在使民有所依據，以利農事。時至後世，更將一切民生活動納入週期之中，以收事豫則立之效。人類依據自然法則，定出曆法，可分三種：

（一）陽曆：僅重太陽視行，不問太陰視行者，如格里曆，即現今全世界所通用之曆法。

（二）陰曆：根據太陰繞行地球爲一月，積十二月爲一年，如回教徒使

〔註16〕見蔡邕撰《月令章句》。

用之回回曆。

（三）陰陽合曆：月份以太陰恆星周為準，年長以太陽回歸視行為準，我國自古以來所使用之農曆即屬此，一般稱之為陰曆，實為陰陽合曆。

中國古曆是以冬至為歲首，由去年冬至到今年冬至為一年，平均為三百六十五又四分之一日，此即歲實，又稱回歸年。以日月合朔定月，朔乃指日月同度，由合朔至合朔為一太陰月，積十二太陰月（又稱朔望月）為一太陰年。古曆太陰月為二十九又九百四十分之四百九十九日，稱為朔策，一太陰年則僅有三百五十四又九百四十分之三百四十八日。〔註17〕太陽年可預期寒暑季節之來臨，農曆之太陰年為配合四季變化，大約每三年須置一閏，即十九年七閏，以求與歲實相合，另一使太陽年與太陰年相合之法，為節氣之運用，陳萬鼐先生云：

太陽年（$365\frac{1}{4}$）與太陰年（$345\frac{348}{940}$）不能相齊，可以用中氣與節氣來控制月球的地位，使月球之游移，不致逾越定限；就是將冬至到冬至的太陽年，平均分為十二等分的中氣，再將中氣又平均分為節氣，廣義的說一年之中便有二十四個節氣，每一個節氣平均為十五又三十二分之七日，中氣與節氣是中國陰曆中的陽曆標幟，如以某一中氣為一月的準繩，如此太陰曆的月序，與太陽的月序，便不致相差到一個月。〔註18〕

〔註17〕我國古曆名目僅見於《漢書·律曆志》所載之六曆——黃帝曆、顓頊曆、夏曆、殷曆、周曆、魯曆，其時當有曆法本書今皆不傳，據考證，此六曆之基本法數與後漢之四分曆完全相同，今據開元占經，列之如次：

一月　二十九日又九百四十分之四百九十九日（朔策）
一歲　三百六十五又四分之一日（歲實）
一章　十九年七閏　二百三十五月
一蔀　四章　七十六年
一紀　二十蔀
一元　三紀

董作賓先生云：「據我們現在的看法，遠古流傳下來的曆法，只是到蔀法為止。紀法為的日名復元，元法為的年名復元，都是漢代人所加的。漢代在實際上用黃帝、顓頊、殷曆等，所推近距的曆元，也不是原來所有，過去研究六曆的，都以為六曆是「秦漢之際，假託為之」，祖沖之曆議也說「古術之作，皆在漢初周末，理不得遠。」都是囿於漢代實用的關係，因為實用，就不能不推求一個起算的元，同也就不據以上推往古。（見《中國古曆與世界古曆》）」

〔註18〕見陳萬鼐撰〈史記曆書曆數甲子篇之研究〉，頁20，《中山學術文化集刊》二

〈呂紀〉中也載有部分古代曆法，然因呂書更側重於陰陽五行思想與政治理念之傳達，早已脫離曆書範疇，其於民間日用所需亦趨遙遠，而成爲帝王治術之運用，雖然如此，它在曆法發展史中亦居重要地位，茲分述如下：

一、歲　首

我國古曆以冬至爲歲首，因冬至之日影最長，但這僅是天文上之歲首，民間因農業需要或政治目的，也訂有一人爲之歲首，即以某一朔旦月之朔日爲準，古曆有所謂「三正」之說，即指此人爲歲首而言，其主要區別在於歲首月建之不同，《史記・曆書》載：

> 夏正以正月，殷正以十二月，周正以十一月

左昭十七年亦載云：

> 冬有星孛于大辰，梓愼曰：火出，于夏爲三月，于商爲四月，于周爲五月。

夏商周三正於春秋戰國時仍並行於各國，可見先秦所據以紀時之曆日制度並不統一，《孟子・離婁下》云：

> 歲十一月徒杠成，十二月輿梁成，民未病涉也。

朱熹集註：「周十一月，夏九月也。周十二月，夏十月也。」此爲周曆。《詩經》則視具體篇章而異，如〈豳風・七月〉即夏周曆並用。然而三正相較，仍以建寅爲正之夏曆最能配合時序，孔子作《春秋》，雖書以「春王正月」之周曆，以示對周天子之尊重，仍不免要主「行夏之時」。〔註19〕呂書〈十二紀〉所採者即爲夏曆，夏曆是以孟春之月爲歲首，所謂寅正是也。《史記・曆書》云：

> 昔自在古，歷建正、作於孟春，於時冰泮發蟄，百草奮興，秭鴂先滜。物乃歲具，生於東，次順四時，卒於冬分。時雞三號，卒明，撫十二節，卒于丑。

考證引阮元曰：

> 言萬物與歲俱起於春，盡於冬也。

又云：

> 大戴禮，節上有月字，豬飼彥博曰：言自建寅月而循十二月節，以

十四集。
〔註19〕見《論語・衛靈公篇》。

絕于建丑月也。

太史公此段記載，正可說明夏曆與四時寒暑配合最爲妥適，使民作息有時，而利於人類生活與農業之需要，宜乎如《周書·周月》所言「夏數得天，百王所同」，自漢武帝制定太初曆至清末，兩千餘年，相沿不絕。

　　案秦建亥之正，於秦統一六國前，最遲於呂不韋當權時已於其國內行之，〔註20〕且漢初承之，《史記·張蒼傳》云：

　　　　張蒼爲計相時，緒正律曆，以高祖十月始至灞上，因故秦時本以十

　　　　月爲歲首，弗革。推五德之運，以爲漢當水德之時，尚黑如故。

而呂書之〈十二紀〉，採用夏正，一方面因夏正於時序最宜，一方面則如元陳澔《禮記集說》所言：

　　　　呂不韋相秦十餘年，此時已有必得天下之勢，故大集群儒，損益先

　　　　王之禮，而作此書，名曰春秋，將欲爲一代興王之典禮也。

趙翼由載籍中歸納春秋時鄭晉齊魯等國多用夏正，至戰國時更無有不用夏正者，〔註21〕呂不韋既欲爲一代興王之典禮。自不可不用此放諸四海而皆準之夏正，至於春秋戰國時所流行「夏正建寅，殷正建丑，周正建子」易服色，改正朔之三正論，當非〈呂紀〉此處所考慮者。

二、紀月法

　　呂書〈十二月紀〉，依月紀事，以孟仲季配四時，此種紀月法與〈夏小正〉月份由正月、二月、……十二月，概以數目爲序不同；或代之以特定名稱，如《楚辭·離騷》：「攝提貞於孟陬」，王逸注：「正月爲陬」等亦不類；亦非以「月建」定月，如《周書·周月》所載「惟一月……斗柄建子」，而是十二月與四季觀念之配合，此與陰陽家有密切關係。近世，陳夢家先生《殷墟卜辭綜述》主張西周時尚無四時之分；胡厚宣先生〈卜辭中所見之殷代農業〉主殷商時已有春、夏、秋、冬四季，姑不論其結論爲何，至少在《尚書·堯典》中已以鳥、火、虛、昴四宿爲仲春、仲夏、仲秋、仲冬四季之中星。〈堯典〉之成書年代，論者或以爲成於孟子之前，或以爲成於孔子之前，或主成於東周初期，或主成於西周時，或主成於殷商之前，要之，當爲史官據先世文獻，重加編纂。〔註22〕

〔註20〕見謝秀文著〈秦正建亥不自秦一六國始〉，《中華文化復興月刊》十三卷二期。

〔註21〕見《清儒學案卷八十一·春秋戰國列國多用夏正》。

〔註22〕見朱廷獻著《尚書研究》，頁323～333。

而其四仲中星之記載，梁啓超云：

> 堯典所記中星，仲春日中星昴，仲夏日中星火等，據日本天文學者
> 所研究，西紀前二千四五百年時確是如此，因此可證堯典最少應有
> 一部分爲堯舜時代之眞書。〔註23〕

此外，如湛約翰之〈中國古代天文考〉一文認爲〈堯典〉關於中星之記述，
非爲帝堯個人之觀測，即爲帝堯以前之傳說。〔註24〕我國古代學者亦多相信
〈堯典〉爲堯舜時代之實錄。〔註25〕近人竺可楨則考定〈堯典〉所記中星爲
殷末周初之現象。〔註26〕可見以昏星定一年四季之法由來已久。〈夏小正〉雖
不見春、夏、秋、冬之名，但所載物候與人事仍與四時相合，至於《管子·
四時》、〈五行〉、《周書·周月》、〈時訓〉等篇本陰陽家播五行於四時之觀念，
早已有四季之名，究之〈十二紀〉之紀月法，乃本上古之時以昏旦星定四季，
輔以陰陽家四時之說而來，因此雖定一年十二月，然其每月日數與全年日數
均與古曆不合，複檢〈呂紀〉每月日數之殘文，得季夏與季冬二月爲三十二
日，其餘皆爲三十日，使一年實得三百六十四日，而日行周天爲三百六十五
又四分之一日，〈呂紀〉所言，蓋取整數，王夢鷗先生云：

> 以是推之，十二月紀之設計，蓋不擬設置閏月。或因閏月與明堂十
> 二室及其隨方面爲服之規定有妨害；抑且閏月之政令如何配合陰陽
> 五行十二律，故寧以「餘分」加於季夏季冬，遂使此二月各獨得三
> 旬二日矣。〔註27〕

〈十二月紀〉既劃分一年爲三百六十四日，其每年尙餘一又四分之一日，未明
言如何處理，則其疏闊可知，唯其復於每月之首列日躔及昏旦星，王夢鷗先生
以爲呂書蓋欲以此增益其曆紀之根據，以取信於人，每月首列天文星紀，殆同
虛飾。〔註28〕王氏之說，固然合理，余更以爲〈呂紀〉首列日躔及昏旦中星，
正欲以此補其曆紀疏闊之失，因每月出現之天文星象，或因歲差之故，雖有小
異，而大略相同，可據之以定十二月。且〈呂紀〉雖無置閏之說，然因其每月
日數之記載，僅存季春、孟夏、季夏、孟秋、仲秋、季冬六處，餘皆脫佚，而

〔註23〕見梁啓超著《中國歷史研究法》，頁159。
〔註24〕科學第十一卷第十二期有向達譯文。
〔註25〕參看王應麟《六經天文編》以及雷學淇《古經天象考》。
〔註26〕見竺可楨著〈論以歲差定尚書堯典四仲星之年代〉，《史學與地學》二期。
〔註27〕見王夢鷗著《禮記校證》，頁493。
〔註28〕同註27，頁53。

無法考定〈十二紀〉於他處是否有補此一又四分之一日餘分之法，唯其十二月之天文紀事則可略作彌補，至於《周禮‧春官》所云：「閏月，王居門。」《禮記‧玉藻》所云：「閏月則闔左扉，立於其中。」正如王氏所言：「月令所依憑者既爲甚疏闊之曆術；而補益以居門之說，則又爲甚可笑之戲論。」〔註29〕

三、節　氣

《晉書‧律曆志》嘗云：「伏羲作八卦，作三畫以象二十四氣。」衡諸史籍，未免言過其實，然而二十四節氣之演變確是經過長期發展而成。二十四節氣，古無其名，《易‧復卦》曰：「至日關閉。」《尚書‧堯典》稱「日中」、「日永」、「宵中」、「日短」，即今春分、夏至、秋分、冬至。又《左傳》僖公五年云：「分至啓閉。」昭公二十一年云：「二至二分。」是古曆雖有二至二分，皆不繫時。《管子‧輕重己》言有春至、夏至、秋至、冬至，各繫四時之名，而四時之始，尚無專名。〈呂紀〉則以立春、立夏、立秋、立冬爲四時之始，以日長至、日短至、日夜分，二至二分爲四時之中，雨水、小暑、白露、霜降……更是往往散見，至《周書‧時訓》及《淮南子‧天文訓》始粲然大備。

節氣是以太陽視黃經爲準，從春分起算爲黃經零度，順序爲清明、穀雨、立夏、小滿、芒種、夏至、小暑、大暑、立秋、處暑、白露、秋分、寒露、霜降、立冬、小雪、大雪、冬至、小寒、大寒、立春、雨水、驚蟄，節次之次序，各家稍有不同，《漢書‧劉歆三統曆譜》所載穀雨在清明前、驚蟄在雨水前，《淮南子‧天文訓》則先後互易，〈時則訓〉則孟春之月云：「蟄蟲始振蘇」，仲春之月云：「始雨水」，〈呂紀〉、〈月令〉，均同〈時則〉，後漢四分曆始置雨水於驚蟄之前，清明於穀雨之前，歷代曆家沿用之。古時節氣，先有二至二分，後有四立，增加至二十四節氣，則以中氣、節氣相排列。制定中氣及節氣，表示一年中太陽於黃道上之位置，可以反映四季寒暑，氣象物候等變化，同時亦可控制太陰月與回歸年之回復，其辦法爲以日躔冬至至翌年冬至爲一回歸年，以一歲時間均分十二等分，每分點爲一中氣，再以中氣平分爲二，是爲節氣，各有專名，中氣至下一中氣間，相當於陽曆一月，我國古時採行恆氣，一回歸年平分二十四等分，每一節氣約爲一五‧二二日，至清朝時憲曆乃採行定氣，依太陽黃經而定，每行十五度爲一節氣，以節氣定

〔註29〕同註28。

曆，可作爲農事作息之依據，爲我國農曆特有之重要組成部分。

〈呂紀〉中所見之節氣有孟春之月云「是月也，以立春。」仲春之月云「日夜分。」季夏之月云「以立夏。」仲夏之月云「日長至。」孟秋之月云「以立秋。」仲秋之月云「日夜分。」孟冬之月云「以立冬。」仲冬之月云「日短至。」此外，又見雨水、小暑、白露、霜降，除雨水外，與今二十四節氣次序相同，至於孟春之月所載之「蟄蟲始振」，當爲二十四節氣中之驚蟄，只不過〈十二月紀〉僅用以紀物候，至後世，才演變爲節氣專名，此種情形，亦見於四立二至二分外另四節氣名。二十四節氣中，應屬二至二分最爲重要，如此才可掌握一年中陰晴寒暑氣候之變化規律，來確定四季，亦爲節氣概念之最早來源，〈十二紀〉稱冬至爲「日短至」、夏至爲「日長至」，係指以土圭觀測日影而來，春分、秋分並稱「日夜分」，其與二至二分，僅爲名稱上之差異。由於一年中二至二分時間相距很長，爲利於農業生產之安排，必須確定其餘節氣，而立春、立夏、立秋、立冬爲四季開始，一定成立較早，由〈十二紀〉之記載，亦可看出二十四節氣成立先後次序，雖然二十四節氣之齊備，成立於秦漢之際，而其發展痕跡則具載於《呂氏春秋》。

四、物　候

節氣與物候關係密不可分，節氣表徵一年中氣候變化之周期規律，物候則是動、植物在此規律支配下，舉凡草木之榮枯，候鳥之往來，昆蟲之蟄蘇等皆與節氣相應，《素問》曰：「五日謂之候，三候謂之氣，六氣謂之時，四時謂之歲。」〔註30〕可見物候實由節氣萌生而出。

近人研究，我國早在殷商時代即已有關各種氣候之記載，〔註31〕《竹書紀年》卷上有云：「周昭王六年，王錫郇伯命，冬十二月、桃李華。」卷下又云：「幽王九年，秋九月，桃杏實。」足證周初即已有以物候進行觀測之情況，《詩・豳風・七月》更是我國最早之物候詩，反映先民如何掌握物候變化規律，以爲農事之用，以上所引，可見在周時已累積相當多之物候知識。春秋戰國時期，記錄物候已成必然，如左昭十七年云：「玄鳥氏司分者也。」注：「玄鳥，燕也。」疏：「此鳥以春分來，秋分去。」左僖公五年云：「公既視朔，遂登觀台以望，而書禮也。凡分至啓閉，必書云物爲備故也。」此時之

〔註30〕見《六經天文編》卷下「禮記・氣候部」。
〔註31〕見胡厚宣著〈氣候變遷與殷商氣候之檢討〉，在《甲骨學商史論業》。

物候資料，吾人可從《圖書集成‧庶徵典》中窺見一斑。物候之說，〈月令〉
本於《呂氏春秋》，呂氏本於〈夏小正〉，楊慎之《夏小正解》自序云：

> 古者紀候之書，逸周書有時訓，呂覽有月紀，易緯有通卦驗，管敬
> 仲有時令，鴻烈有時則訓，同異互出，大抵宗小正而詳。

因物候觀測較爲簡明具體，容易掌握，先民只要把握物候，即可預知季節變
幻，故而許多著名農書，均以自然界物候爲準，至於〈十二月紀〉、〈時則〉、
〈月令〉、〈時訓〉等亦不得不反映物候。〈呂紀〉之物候記載，因二十四節氣
尚未完備，故依孟仲季春……等排列，各有物候，除供作民眾生產活動之參
考外，同時亦爲天子施政藍圖，因受陰陽五行說之影響，逆令而行遂有咎徵，
如〈孟春紀〉云：「孟春行夏令，則雨水不時，草木蚤落」等，〈十二紀〉所
載物候，每月少則四五，多則七八，如〈孟春紀〉所載物候有〈東風解凍〉、
〈蟄蟲始振〉、〈魚上負冰〉、〈獺祭魚〉、〈候雁北〉等，其餘各月亦同，唯各
月中之物候無一定數目，也不齊全，直至《周書‧時訓》，承二十四節氣，分
一年爲七十二候，每月六候，每候五日，排列整齊，可謂集物候之大成，各
朝因實際須要，間有改動，而大抵歷代相沿，出入不大，自後魏時，始載於
曆。李調元《月令氣候圖說》載云：

> 月令氣候之說，諸說各異，升菴云：呂不韋月令，自東風解凍，至
> 水澤腹堅，後魏始入曆爲七十二候，其所載與夏小正、淮南子時則
> 訓、管子書、汲冢書互有出入，朱文公作儀禮經傳解備引之，王冰
> 注素問，亦引呂令七十二候，與今世行呂氏春秋及曆中所載不
> 同。……是古今節候之異，前人已備言之。

物候既因時因地而異，則可據之上考古地理、氣候、生物、人文，因此古今
物候之書雖多，〈十二紀〉中物候記錄，其價值亦不可菲薄，「呂氏春秋有十
二月紀，漢馬融取以入小戴記中，爲月令第六篇，其書以天時草木鳥獸蟲魚
記每月之候，與夏小正略同。」〔註32〕唯其略同，故可據之以考其異，爲吾
人珍貴之資產。

　　〈呂紀〉雖非記曆法節候之專書，並深受陰陽家影響，部分記事帶有神
秘色彩，然其書之記載，往往爲某些曆日制度發展完成之重要階段，如二十
四節氣及七十二候之成形，呂書均居關鍵，而以孟仲季區分四季十二月，典
籍最早見於〈呂紀〉，春秋末以來之金文，雖已有之，但只不過散見，不如呂

〔註32〕見曹仁虎篹《七十二候考》。

書之完整。〔註33〕結合曆法與陰陽五行雖早見於《管子》，其影響則不如〈十二紀〉深遠，後世月令之文殆倣此。曆法之演變乃因時而異，《漢書‧律歷志》所傳古曆今俱亡佚，〈十二紀〉所載之天文曆法，雖屬吉光片羽，亦可略窺堂奧，唯〈十二紀〉因側重陰陽五行與四時政令之配合，於曆法之設計上，難免有窒礙難通之處。

〈十二紀〉有關曆日記載，除上文所述，尚有以昏旦記時，唯皆用以記載星象，昏旦時刻亦不能確定，蔡邕《月令章句》云：「日出前三刻爲旦，日入後三刻爲昏。」雷學淇《古經天象考》卷五云：「日入爲昏，日出爲旦。」孔穎達《禮記正義‧月令》云：「日出前三刻爲旦，日沒後二刻半爲昏。」此外，〈十二紀〉亦有「某日甲乙」之干支紀日，因其結合五行，故列入下節討論。

第三節　五行配當

〈呂紀〉紀首爲十二月令之分配，本出於陰陽家，《史記》司馬談〈論六家要旨〉言其「序四時之大順」，「夫陰陽四時八位十二度二十四節，各有教令。」已得其要，陰陽、五行，原不相屬，及戰國鄒衍，乃深觀陰陽消息，作迂怪之變，合陰陽五行爲一，〔註34〕〈呂紀〉即爲一相當有系統之陰陽五行說，胡適先生云：

現存的月令出於《呂氏春秋》，其中似以十月爲歲首（秋季月令：「爲來歲受朔日。」），又有秦官名，大概其中已有呂不韋的賓客改作的部分了。但其全用五行來分配四時、十二月、五帝、五蟲、五音、五味、五臭、五祀、五臟，每月各有機祥度制，錯行了這種教令，便有種種災害。……這正是一年之中的「五德轉移，治各有宜，而符應若茲」。故我們用月令來代表鄒衍的機祥度制，大概是不錯的。《呂氏春秋》採鄒衍的五德終始論，不提他的姓名；採月令全部，也不提及來源，這大概是因爲呂氏的賓客曾做過一番刪繁摘要的工作，從鄒子的十餘萬言裏擷取出一點精華來，也許還稍稍改造過，故不須提出原來的作者了。〔註35〕

〔註33〕參閱陳夢家著〈上古天文材料〉一文，《學原》一卷六期。
〔註34〕見王夢鷗著《鄒衍遺說考》，頁56。
〔註35〕見胡適著《中國中古思想史長編》，頁43～45。

〈呂紀〉體系，陰陽五行已與四季十二月、十干、五帝神、五音十二律、數字、五味、五臭、五祀、五臟、五蟲、明堂位、五色、五禾、五畜、器具、時、方以及農兵、災異、禁忌等政令相互作有系統之牽合，因文長不備載，僅擇其要，列項舉述如下：

一、五行配四時

古之時令，區劃時日，頗不一致，如〈夏小正〉、《管子・四時》未著明日數；《周書・時訓》以五日爲一候；《管子・幼官》以十二日爲一節；〈五行〉以七十二日爲一時，可說爲五時令之正宗，〈呂紀〉乃採取此五時政令於四時十二月，以王者行事，當順天配時，故春時盛德在木，夏時盛德在火，秋時盛德在金，冬時盛德在水，唯五行有五，四時僅四，故於季夏月之末，增益中央土七十四字，有其位而無其時，則王者何能得居？何以服食？〈呂紀〉於此無明文以釋其疑，故後世學者每出新說，如《淮南子・時則訓》令土獨居季夏之月；或以土每時輒寄，各十八日，一方面使土與其它四行各主七十二日，一方面又以土王四季，最爲尊貴，董仲舒云：

> 五行莫貴於土，土之於四季無所命者，不與火分功名。〔註36〕

班固《白虎通德論・五行篇》亦云：

> 土王四季，各十八日……土所以王四季者何？木非土不生，火非土
> 不榮，金非土不成，水非土不高，土扶微助衰，歷成其道，故五行
> 更王亦須土也。王四季、居中央、不名時。

蓋漢人諸說實由《管子・四時篇》，「土德實輔四時入出」一語引申而來，又《管子・幼官》區分一年爲五時，言及日數，五和時節，則獨付闕如，其意當如〈四時篇〉，〈呂紀〉之中央土，不寄日數，或即由此而來。

倘以一年區分爲五時，如《管子・五行篇》所記，可謂最切合五行之要求，〈呂紀〉捨棄此種均齊之安排，王夢鷗先生釋之云：

> 或僅因五行相生之說，未必爲人人所信從，而四時更迭之事，則爲
> 人人所同感。五行家既不能以其創說改變天時，反之，乃欲藉人人
> 所習慣四時常識以推行其五德思想，蓋以一年區分爲四時十二月，
> 此種時曆觀念，早見於詩書，其時並無所謂五行思想，故後出之五

〔註36〕見董作舒撰《春秋繁露・五行對》第三十八。

行家，縱有重劃時曆之企圖而改變春夏秋冬爲金木水火土，亦未必爲時君世主所聽信，因之，唯有藉現成之事實以巧飾其玄虛之設計。

以五行配於四時，遂至多餘一行，虛懸於時日之外。〔註37〕

漢世土王四時十八日之說，皆牽強附會，無非要以五行之數，配四時之令，欲彌縫此缺失也。

二、五行配十干

〈呂紀〉於每月日躔中星下，繫有日干，三春皆曰：其日甲乙，三夏皆曰：其日丙丁，三秋皆曰：其日庚辛，三冬皆曰：其日壬癸，於季夏末則曰：中央土，其日戊己，乃以五行配十干，與《管子‧四時篇》同。

我國以干支紀日，其事出於遠古，〈呂覽‧勿躬篇〉云：「大撓作甲子。」《尚書》紀日已用甲子，近世出土殷墟甲骨文字，已見干支表，但干支之名，究自何而來，則仍難明，近代學者，多主假借之說，以爲干支本爲物名，借以名日，日名彰顯而本義反晦，〔註38〕古人不以一二三之數字紀日，而代之以干支，可見干支之說久已符號化。高平子先生以爲於六十甲子紀日之前，應該已有另一簡單紀日周期，即爲以十干排列之旬，《虞書‧益謖篇》云：「娶于塗山，辛壬癸甲。」高氏以爲辛壬癸甲爲四天婚假，《夏書‧五子之歌》云：「畋于有洛之表，十旬弗反。」《周禮》馮相氏「掌十有二歲，十有二月，十有二辰，十日，二十有八星之位」都可旁證記日之原始周期爲十，〔註39〕董作賓先生亦云：

> 遠古以十日爲旬，爲一小周期，後以十日期近，重複太多，乃配以十二辰，共六十日爲一大周期。

又曰：

> 商代仍有偏重十干傾向，此可於「卜旬」之頻仍見之，……但有時只提到干，而不提日支。相反的，卻沒有只記支的，這即表明十干之重要性。〔註40〕

由此可知，紀日之原始周期爲十干，〈呂紀〉以十干紀日，高誘注僅云：「甲

〔註37〕同註27，頁553。

〔註38〕見勞榦著〈十干試釋〉，《大陸雜誌》三十六卷十一期。

〔註39〕見高平子著《學曆散論》，頁172。

〔註40〕見董作賓著〈論商人以十干爲名〉，《大陸雜誌》二卷三期。

乙，木日也。」;「丙丁，火日也。」;「戊己，土日也。」;「庚辛，金日也。」;
「壬癸，水日也。」以五行配十干，實出於陰陽家之安排，如《管子·四時
篇》亦同此，於《管子·五行篇》猶可見其原始設計，其於五時各云:「睹甲
子木行御……七十二日而畢。」「睹丙子火行御……七十二日而畢。」「睹戊
子土行御……七十二日而畢。」「睹庚子金行御……七十二日而畢。」「睹壬
子水行御……七十二日而畢。」其五行與干支密合，凡歷甲丙戊庚壬五子，
是爲一周，〈十二紀〉倣此，但因中央土，雖云「其日戊己」，實無時日，則
變〈五行篇〉七十二日之週期爲九十日，則自甲子之後九十日而爲癸巳之日，
實無「其日丙丁」之時，此可見〈十二紀〉強併五時爲四時十二月之扞格難
通。王夢鷗先生於「月令之五行數與十干日解」一文中以爲言「其日」者，
乃指發政之日而言，其文云:

> 王氏（王夫之禮記章句）以甲乙爲春之吉日，丙丁爲夏之吉日，庚
> 辛爲秋之吉日，壬癸爲冬之吉日，今以其說稽諸《管子·四時》篇，
> 似頗有據。〈四時篇〉云:「春三月以甲乙之日發五政」，「夏三月以
> 丙丁之日發五政」，「秋三月以庚辛之日發五政」，「冬三月以壬癸之
> 日發五政」。按此所謂發政，亦由〈五行篇〉所謂「出令」。「出令」
> 必擇某干日，是否即取其吉，固未可定;然月令所載「某日某干」，
> 當與此同其出點，則可知也。〔註41〕

〈呂紀〉據誘所注，甲乙屬木而爲春，其稱甲乙之日，蓋因時日而誌其宜，
五行必隨季節之改易而轉換，唯土於〈十二紀〉有干支而無時，則十干與四
時即不相合。究之《管子·五行篇》，蓋以七十二日爲一時，依干支排日，甲
子後七十二日，適爲丙子，餘皆倣此。至於何以「甲子」「丙子」等日出令，
「其間若有義理可言，亦當由於五行與四時相配合之故。」王氏又舉《墨子·
貴義篇》所云:「且帝以甲乙殺青龍於東方，以丙丁殺赤龍於南方，以庚辛殺
白龍於西方，以壬癸殺黑龍於北方」，則甲乙丙丁諸日，果爲吉日乎?忌日乎?
說本兩歧。〔註42〕案《管子·五行》以干支之日發政，除以十干配置五行外，
蓋因古曆之推算而來，如〈十二紀〉之文，其日干支與五行已相錯亂，「其日
某干」之說，不過聊備一格耳。

〔註41〕同註27，頁591。
〔註42〕同註27，頁593～595。

三、五行配五方帝神

〈十二紀〉三春皆曰：「其帝太皞，其神句芒。」三夏皆曰：「其帝炎帝，其神祝融。」三秋皆曰：「其帝少皞，其神蓐收。」三冬皆曰：「其帝顓頊，其神玄冥。」中央土則曰：「其帝黃帝，其神后土。」此顯以五行配五方帝神，此五帝及五神之名，已散見於《左傳》、《國語》、《山海經》、《管子》等書。司馬遷乃據《春秋》、《國語》、《五帝德》、《帝繫姓》而著〈五帝本紀〉，可視作為集合各種故事而形成之系統，因以黃帝為始祖之古帝王譜系各有不同，而由於神話之類似性亦造成移入或改作，且古時掌祭祝傳統之巫史，亦各建立其不同之古帝王世系。五帝立祀，殆肇始於秦，《史記・封禪書》載秦襄公，首作西時祀白帝，至漢高祖入關，其時僅有白、青、黃、赤四帝，由高祖增一黑帝，乃滿五帝之數，據王孝廉先生〈顓頊與乾荒、昌意、清陽、夷鼓、黃帝〉一文所考證，顓頊、少皞、黃帝俱為嬴姓氏族之神，[註43] 則五帝傳說，起於秦地，並非毫無根據之臆說。至於以五帝、五神配合五行而分配排列，當是根據戰國時期之五行說而構成，唯其配置，大別之亦有數種：

（一）《管子・幼官》配以青赤黃白黑五后。

（二）《管子・五行》以黃帝為主，配以天地四方，曰：「黃帝得蚩尤而明於天道，得大常而察於地利，得奢龍而辯於東方，得祝融而辯於南方，得大封而辯於西方，得后土而辯於北方。」

（三）《左傳》昭公十七年，郯子曰：「昔者黃帝氏以雲紀，故為雲師而雲名，炎帝氏以火紀，故為火師而火名；共工氏以水紀，故為水師而水名，大皞氏以龍紀，故為龍師而龍名，我高祖少皞之立也，鳳鳥適至，故紀於鳥，為鳥師而鳥名。」

（四）《左傳》昭公二十九年云：「木正曰句芒，火正曰祝融，金正曰蓐收，水正曰玄冥，土正曰后土……少昊氏有四叔，曰重曰該曰脩曰熙，實能金木及水，重為句芒，該為蓐收，脩及熙為玄冥……顓頊氏有子曰黎，為祝融，共工氏有子曰句龍，為后土。」

以上諸說，除《管子・五行篇》以后土配北方，東方奢龍及西方大封名稱有異；《左傳》郯子說以水師為共工外，餘均可通，而以呂書〈十二紀〉五行與五方帝神分配最為完整清晰，《禮記・月令》及《淮南子・時則訓》之配

〔註43〕 見王孝廉著《中國的神話與傳說》，頁239～271。

置完全相同，可見呂書所載之五方帝神，已是較爲固定之說法。而諸異說，亦各有淵源可互通，《管子·五行》以后土爲北方之神，蓋因共工氏爲水師，故其子后土承之，《國語·魯語》云：「共工氏之伯九有也，其子曰后土。」左昭二十九年亦云：「共工氏有子，曰句龍，爲后土。」〈五行篇〉所言之奢龍，《管子纂詁》引劉績云：「一本奢作蒼，衡謂古本作蒼。」是奢龍即蒼龍，爲東方木之屬，西方大封，〈五行篇〉云爲司馬，司馬主刑，秋爲刑官，五行配金，故大封爲西方之神也。

四、五行配五蟲

〈十二紀〉三春皆曰：「其蟲鱗」，三夏皆曰：「其蟲羽」，三秋皆曰：「其蟲毛」，三冬皆曰：「其蟲介」，於中央土則曰：「其蟲倮」，《管子·幼官篇》言獸火爲爨，則與此異，於春曰：「以羽獸之火爨」，於夏曰：「以毛獸之火爨」，於秋曰「以介蟲之火爨」，於冬曰：「以鱗獸之火爨」，中央配以倮獸。稽之以《大戴記·曾子天圜篇》遺文：「毛蟲毛而後生，羽蟲羽而後生，毛羽之蟲，陽氣之所生也。介蟲介而後生，鱗蟲鱗而後生，介鱗之蟲，陰氣之所生也」則〈幼官篇〉所載有據，王夢鷗先生亦云：

> 例如幼官圖配列的五種蟲獸是：春木、羽獸；夏火、毛獸；秋金、介蟲；冬水、鱗。而十二月紀及月令則爲：春木、鱗；夏火、羽；中央、倮；秋金、毛；冬水、介。今以常識衡之，春屬陽而鱗屬陰，何得以鱗搭配於春？顯然這是因改編者移冬至於立春，便亦不覺把冬鱗搬到春天來了。〔註44〕

依王氏之說，〈十二紀〉是把〈幼官圖〉之冬至起點誤以爲立春，然如呂書以《管子》冬至爲立春，其配置仍當如《管子》爲春木、羽；夏火、毛；中央、倮；秋金、介；冬水、鱗；又夏正十一月爲周正正月，除非呂書認爲《管子·幼官》爲循夏時，又欲變《管子》之夏時爲周正，其五行與五蟲之排列，方能如〈呂紀〉，然如是，又與呂書以夏時爲準之時序不符。案《禮記·月令》之注疏謂冬藏故介，春散爲鱗，夏陽用事，鱗散爲羽，夏秋之際，陽散發越，羽脫而倮，秋則金氣漸長，倮者復又衣毛，孫希旦《禮記集解》亦云：

> 馬氏晞孟曰：蒼龍，木屬也，其類爲鱗，故春則其蟲鱗，呂氏澂曰：

〔註44〕見王夢鷗著〈陰陽五行家與星曆及占筮〉，頁522，《中央研究史語所集刊》四十三本。

東方，角亢氐房心尾箕七宿，有龍之象，故凡動物之有鱗者屬木，

愚謂鱗蟲水處而游，得陽之少者也，故屬春。〔註45〕

則〈十二紀〉之五蟲排列，或為呂氏門客另有創發，變動其序而致乎？或又為先秦五蟲之另一配列也。

五、五行配五音十二律

〈十二紀〉孟春之月云：「其音角，律中太簇。」仲春之月云：「其音角，律中夾鍾。」季春之月云：「其音角，律中姑洗。」孟夏之月云：「其音徵，律中中呂。」仲夏之月云：「其音徵，律中蕤賓。」季夏之月云：「其音徵，律中林鍾。」孟秋之月云：「其音商，律中夷則。」仲秋之月云：「其音商，律中南呂。」季秋之月云：「其音商，律中無射。」孟冬之月云：「其音羽，律中大呂。」中央土云：「其音宮，律中黃鍾之宮。」古人將宮商角徵羽稱為五音，只有相對音高，而以宮作為音階起點，《淮南子·原道篇》云：「故宮者，宮立而五音形矣。」十二律則各有固定音高及特定名稱，蔡邕《月令章句》云：「截竹為管謂之律。」《國語·周語》下云：「律以平聲。」十二律分為陰陽，奇數六律為陽，稱六律；偶數六律為陰，稱六呂。五音配五行，〈正義律歷志〉云：「或損或益，以定宮商角徵羽，宮三分去一，下生徵，徵數五十四，徵三分益一，上生商，商數七十二，商三分去一，下生羽，羽數四十八，羽三分益一，上生角，角數六十四，是其損益相生之數也。」〔註46〕此言五音成立之序，合於《管子·幼官》以「羽配夏」「徵配冬」之說，〈十二紀〉則以「徵配夏」「羽配冬」，鄭注《禮記·月令》釋之曰：「角數六十四數木者，以其清濁中，民象也，春氣和，則角聲調。徵之數五十四數火者，以其微清，事之象也，夏氣和，則徵聲調。宮數八十一屬土者，以其最濁，君之象也，季夏和，則宮聲調。商數七十二屬金者，以其濁次宮，臣之象也，秋氣和，則商聲調。羽數四十八屬水者，以為最清，物之象也，冬氣和，則羽聲調。」是以陰陽清濁釋五音，唯其土配季夏與〈十二紀〉土位無時異。〈十二紀〉各月除配五音外，尚配十二律呂，播五行於十二月，猶播五音於十二律，於夏秋間言宮而不及土律，非宮音無律也，《仲夏紀·適音篇》云：「黃鍾之宮，音之本也，清濁之衷也。」蓋諸律皆有宮，「律中黃

〔註45〕見《清儒禮記彙解》上卷二百三十五。

〔註46〕同註45。

鐘之宮」，乃因其爲八十四調之首，正如土於諸行最尊，以鐘律滲入十二月亦見《季夏紀・音律篇》曰：「天地之氣，合而生風，日至則月鐘其風，以生十二律，仲冬日短至，則生黃鐘，季冬生大呂，孟春生太簇，仲春生夾鐘，季春生姑洗，孟夏生仲呂，仲夏日長至，則生蕤賓，季夏生林鐘，孟秋生夷則，仲秋生南呂，季秋生無射，孟冬生應鐘，天地之風氣正，則十二律定矣。」〈律呂正義・黃鐘轉生律呂〉條云：「古之聖王，制爲十二律呂，以配十有二月，節四時之變，明消息之機，一皆本乎陰陽，陰陽之辨精，則理明而數備。」以陰陽消長之理，以明十二律呂相生之義，亦可闡明《呂氏春秋》十二律以配十二月之說也。

六、五行配數

〈十二紀〉三春之月皆云：「其數八」，高誘注：「五行數五，木第三，故數八。」三夏之月皆云：「其數七」，高誘注：「五行數五，火第二，故曰七。」三秋之月皆云：「其數九」，高誘注：「五行數五，金第四，故曰九。」三冬之月皆云：「其數六」，高誘注：「五行數五，水第一，故曰六。」中央土則曰：「其數五」，高誘注：「其數五，五行之數，土第五也。」《管子・幼官》用數與此同，《禮記・月令》鄭注：

> 土生數五，但言五者，土以生爲本。

〈月令〉孔疏引皇侃云：

> 金木水火土，得土而成，以水數一，得土數五，故六也；火數二，
> 得土數五，故七也；木數三，得土數五，故八也；金數四，得土數
> 五，爲成數九。

五行之數，於一至五謂之生數，六至十，謂之成數，金木水火土，得土而成，遂莫不加之土之生數，唯其五行之次爲水火木金土，蓋本《尚書・洪範》而來，其文云：

> 五行、一曰水、二曰火、三曰木、四曰金、五曰土。

七、五行配五味、五臭、五祀、五臟

〈十二紀〉三春之月皆曰：「其味酸、其臭羶、其祀戶、祭先脾。」三夏之月皆曰：「其味苦、其臭焦、其祀竈、祭先肺。」三秋之月皆曰：「其味辛、其臭腥、其祀門、祭先肝。」三冬之月皆曰：「其味鹹、其臭朽、其祀行、祭

先腎。」中央土則曰：「其味甘，其臭香，其祀中霤、祭先心。」〈十二紀〉之五味配置同於《管子‧幼官》，五臭則為〈十二紀〉所增列，管書無，然《管子‧幼官》於春木曰：「治燥氣」，夏火曰：「治陽氣」，秋金曰：「治濕氣」，冬水曰：「治陰氣」，中央土曰：「治和氣」，則為〈十二紀〉所無，《白虎通德論‧五行篇》釋五臭云：

> 北方其臭朽者何？北方水，萬物所幽藏也，又水者受垢濁，故臭腐朽也。東方者木也，萬物新出地中，故其臭羶。南方者火也，盛陽承動，故其臭焦。西方者金也，萬物成熟，始復諾，故其臭腥。中央土也主養，故其臭香也。

五祀之名，高誘於春三月注：「蟄伏之類，始動生，出田戶，故祭戶也。」夏三月注：「吳國回祿之神，託於竈，是月火王，故祀之也。」秋三月注：「孟秋始內，由門入，故祀門也。」冬三月注：「行，門內地也；冬守在內，故祀之，行或作井，水給人，冬水王，故祀之也。」中央土注：「土王中央，故祀中霤，霤，室中之祭，祭后土也。」五祀亦見於《管子‧輕重己》，徒以文字殘缺，莫得其要，且與〈十二紀〉所列全異，〈五行篇〉於「睹庚子金行御」下，亦有「薦之祖廟與五祀」之文，然未舉五祀之目也。

以五行配五臟，高注有二說，一為先食所勝，一為自用其本藏，前說以脾屬土，謂春木勝土，肺屬金，謂夏火勝金，肝屬木，謂秋金勝木，心屬火，謂中土勝火，腎屬水，自用其藏；後說則以脾屬木，肝屬火，肺屬金，腎屬水，心屬土。〈月令〉孔疏引鄭玄駁《五經異義》云：

> 異義云：今文尚書歐陽說肝、木也，心、火也，脾，土也，肺、金也，腎、水也，古文尚書說脾、木也，肺、火也，心、土也，肝、金也、腎，水也。……

如鄭玄則從今文尚書之說，許慎則與古尚書同，可見五藏配五行之二說，相沿已久，孰是孰非，迄難定案，王引之《經義述聞》，則主後說，曰：

> 木火土金水，既各有所主之藏，何反不用其所主，而用其所勝乎？春夏秋之祭，如用所勝之藏，則中央之祭，當用土所勝之水而先腎，冬之祭，當用水所勝之火而先心，今中央祭先心，冬祭先腎，則非用其所勝可知，由冬祭先腎推之，則木火土金，皆自用其藏可知，故曰：自用其藏之說是也。〔註47〕

〔註47〕見王引之撰《經義述聞》卷十四。

八、五行配五色

〈十二紀〉於三春之月皆曰：「乘鸞輅，駕蒼龍，載青旂，衣青衣，服青玉。」三夏之月皆曰：「乘朱輅，駕赤駵，載赤旂，衣赤衣，服赤玉。」三秋之月皆曰：「乘戎輅，駕白駱，載白旂，衣白衣，服白玉。」三冬之月皆曰：「乘玄輅，駕鐵驪，載玄旂，衣黑衣，服玄玉。」中央土曰：「乘大輅，駕黃駵，載黃旂，衣黃衣，服黃玉。」鄭玄注〈月令〉鸞輅曰：

> 有虞氏之車，有鸞和之節，而飾之以青，故其名耳。

鄭注大輅云：

> 殷路也，車如殷路之制，而飾之以黃。

高誘注戎輅爲白路也，鐵驪亦黑，象北方也。則乘輅、駕龍、載旂、衣及服玉，皆順五行而異色，《管子·幼官》於春曰君服青色，飲於青后之井，餘皆仿此，蓋爲十二紀所本。

九、五行配禾畜器皿

〈十二紀〉於三春之月皆曰：「食麥與羊，其器疏以達。」三夏之月皆曰：「食菽與鷄，其器高以觕。」三秋之月皆曰：「食麻與犬，其器廉以深。」三冬之月皆曰：「食黍與彘，其器宏以弇。」中央土曰：「食稷與牛，其器圜以揜。」《管子》書中未見以五行配禾畜器用者，高誘於「食麥與羊」下注云：「麥屬金，羊屬土，是月也，金土已老，食所勝也。」又於「食麻與犬」下注云：「犬、金畜也。」「食黍與彘」下注云：「彘，水屬也。」中央土注曰：「稷牛皆屬土。」與上文五藏之配列本有二說相似，俟考。

至於器用，高注云：「（春）宗廟所用器，皆疏鏤通達，以象陽氣之射出。」「（夏）觕，大也；器高大，象火性。」「（秋）廉，利也；眾金斷割。深，象陰閉藏。」「（冬）宏，大也；弇、深，象冬閉藏也。」「（中央土）揜象土含養萬物。」則其器用，亦本五行之原則而更迭也。

此外，〈孟夏紀〉尚有「其性禮，其事視」之語，然其它各紀均無此項，故不能據此以爲陰陽五行已與五事相配，呂書之五行配置，除以上所述，最重要則爲明堂時令之設計，此亦人君施政之要務，爲一切政教所出，爲〈十二紀〉紀首重點所在，故別立一節以明之。

第四節　明堂時令

前文已論及呂氏乃以〈十二紀〉爲其施政總綱，順天之生長收藏之理，而言治國之大經，陰陽家制爲時令，即爲日月周天一歲之小終始，所謂「五行相次轉用事，隨方面爲服」，就今之月令或時令遺文加以考察，此種「小終始」皆顯與「明堂」不可分割，「王居明堂之禮」更爲〈十二紀〉之設計重點，各項措施必須配合時序輪轉，其中實包含三部分，一爲明堂本身之設計；二爲王於明堂之四時行政綱領；三爲違令休咎之徵，今本此三點分述之：

一、明堂設計

明堂之制，古已有之，《呂氏春秋》、《淮南子》、《周書》、《周禮》、《禮記》、《左傳》、《管子》等皆曾言及，唯各書所言互有出入，至近人王國維先生之《明堂廟寢通考》爲止，〔註48〕仍眾說紛紜。綜合各家說法，古今明堂之制，實可分爲三類：一爲古所遺留之周明堂，一爲陰陽家所設計之明堂，餘則爲漢人所想像之明堂。

成伯嶼《禮記外傳》謂：

> 明堂，古者天子布政之宮……黃帝享百神於明廷是也，唐虞爲五府，夏謂太廟爲太室，殷人謂路寢爲重屋，周人謂五府爲明堂。〔註49〕

《周禮・考工記・匠人》謂：

> 夏后氏世室……殷人重屋，……周人明堂。

是其源甚早，且歷代名稱不同，稱明堂者，乃周制也。自其作用言之，《周書・大匡》第三十八云：

> 勇如害上，則不登於明堂，明堂所以明道。

《周書・明堂》第五十五云：

> 周公攝政，君天下弭亂，六年而天下大治，乃會方國諸侯于宗周，大朝諸侯明堂之位。……明堂者，明諸侯之尊卑也。故周公建焉。

《孝經・聖治章》云：

> 宗祀文王於明堂，以配上帝。

《左傳》文公二年云：

〔註48〕見王國維著《觀堂集林》卷三。
〔註49〕見《太平御覽》五三三引。

瞪曰：周志有云：「勇則害上，不登於明堂。」

杜預注：

> 明堂，祖廟也，所以策功序德，故不義之士不得升。

《孟子‧梁惠王》下云：

> 齊宣王問曰：人皆謂我毀明堂，毀諸已乎？孟子對曰：夫明堂者，
> 王者之堂也，王欲行王政，則勿毀之矣。

趙歧注：

> 明堂是文王之廟，齊侵魯地而得之。

綜上所述，明堂之功用，實包括（一）策功序德（二）宗祀文王（三）朝會諸侯三項，則明堂當本周人太廟之別名，或即周公所建宗祀文王之所，〈周頌〉稱之爲清廟，〈洛誥〉稱之爲太室，其後因合族祭祖，而形成朝會之所，天子更用以頒政令、紀功德。至於明堂建制，各家說法亦不盡相同，《周禮‧考工記‧匠人》云：

> 夏后氏世室，堂脩二七，廣四脩一，五室三四步，四三尺，九階，
> 四旁兩夾窗，白盛，門堂三之二，室三之一。殷人重屋，堂脩七尋，
> 堂崇三尺，四阿重屋。周人明堂，度九尺之筵，東西九筵，南北七
> 筵，堂崇一筵，五室，凡室二筵。

《大戴記‧明堂篇》云：

> 明堂者，古有之也。凡九室，一室而有四戶八牖，三十六戶，七十
> 二牖。

《周書‧明堂篇》云：

> 明堂方百一十二尺，高四尺，階廣六尺三寸。室居中，方百尺；室
> 中方六十尺。東應門、南庫門、西皐門、北雉門。東方曰青陽，南
> 方曰明堂，西方曰總章，北方曰玄堂，中央曰太廟。

以上諸說，建置不一，揆諸原因，一則因時代久遠，互有增建，故不相一致，一則以歷史實有之明堂，與陰陽家設計理想中之明堂，混爲一物，此可由《周書‧明堂》之記載略窺究竟。陰陽五行家所設計之明堂，乃是將古之明堂理想化，明堂始義，幾全不倫古制，王夢鷗先生云：

> 這個實在的明堂和孟子所謂「行王政」的說話，可能共同促成了那
> 個後於孟子的鄒衍之構想，使他使用氣象方面的知識（陰陽消息）
> 來替那浮侈不能尚德的時君世主訂立一套合乎仁義節儉的施政綱

領。……於是那實在的明堂被理論化了，配合天地陰陽五行，……
〔註50〕

而此後論明堂者，又將二論合而為一，雜入某些臆測推斷，如《史記・封禪書》載有濟南人公玉帶上黃帝時明堂圖，其文云：

> 明堂圖中有一殿，四面無壁，以茅蓋。通水圜宮垣，為複道。上有樓，從西南入，命曰昆侖，天子從之入，以拜祠上帝焉，於是上令奉高作明堂汶上，如帶圖。

此一明堂，既不類古制，亦無陰陽家依時施令之構想，所謂「從西南入，命曰昆侖。」恐亦出於方士神仙臆測之言。至蔡邕《明堂月令論》更揉合各家，使「明堂」成一理想性更高之政教總機關，曰：

> 明堂者，天子太廟，所以崇禮其祖以配上帝者也。……謹承天順時之令，昭令德宗祀之禮，明前功百辟之勞，起尊老敬長之義，顯教幼誨穉之舉，朝諸侯、選造士於其中，以明制度，生者棨其能而至，死者論其功而祭，故為大教之宮，而四學具焉，官司備焉。

陰陽家所設計之明堂，必定配以方位時序，皆以五行播於四時，其後又散四時為十二月，前者可以《管子・幼官篇》及〈幼官圖〉為代表，後者則見於〈十二紀〉、〈時則訓〉及〈月令〉。〈月令〉與明堂有其不可分之關係，而在〈十二紀〉以前之原設計，當是以五時令配合明堂行事，上行天時，下順五行，《管子・幼官》雖未明白交代明堂之制，今案〈幼官〉之名，近人或以為「玄宮」之訛，或當作「幽宮」，何如璋《管子析疑》云：

> 舊注，幼者始也。然始字無義，疑幼字本作玄，故訓為始，宋刻本乃誤為幼耳。官宜作宮，以形似而誤。本文有玄帝之命，又玄宮凡兩見。戒篇：近二子於里宮，亦譌作官。莊子：顓頊得之以處玄宮。藝文類聚引隋巢子：昔三苗大亂，天命夏禹於玄宮，足證幼官為玄宮也。〔註51〕

王夢鷗先生《陰陽五行家與星曆及占筮》一文亦云：

> 今按幼官圖中實兩見「玄官」之名，稽以文義，當為「玄宮」二字。說文云：「玄，象幽，而入覆之也。」可見玄幽之義通。

〈幼官篇〉與〈幼官圖〉之文字大同小異，唯其排列次序有異，〈幼官篇〉之

〔註50〕同註34，頁93。
〔註51〕見郭著《管子集校・幼官篇》引，頁104。

次序爲：

（一）本圖：中央第一、東方第二、南方第三、西方第四、北方第五。

（二）副圖：中央第一、東方第二、南方第三、西方第四、北方第五。

「幼官圖」之次序則爲（一）中方本圖，（二）中方副圖，（三）東方本圖，（四）東方副圖，（五）南方本圖，（六）南方副圖，（七）西方本圖，（八）西方副圖，（九）北方本圖，（十）北方副圖。〈幼官篇〉將本圖、副圖分別敍述，〈幼官圖〉則將本圖、副圖比附而敍，清戴望校正云：

> 宋本此篇，先西方本圖，次西方副圖，次南方本圖，次中方本圖，
>
> 次北方本圖，次南方副圖，次中方副圖，次北方副圖，次東方本圖，
>
> 次東方副圖。〔註52〕

王夢鷗先生依其說復原其圖如下：

（一）先西方本圖

（二）次西方副圖

（三）次南方本圖　　（四）次中方本圖　　（五）次北方本圖

（六）次南方副圖　　（七）次中方副圖　　（八）次北方副圖

（九）次東方本圖

（十）次東方副圖

〔註53〕

由此圖可見其與陰陽五行之配合，可謂相當密切，由玄宮至明堂，時令亦由簡而繁，玄宮實爲明堂古制，乃〈十二紀〉所從出。玄宮、明堂所以異名者，蓋所重方位有南北之別也。玄宮圖似爲強國擒敵，爭霸爲王者設計，明堂月令顯爲天子而設計；主玄宮者爲北帝，不稱明堂而曰玄宮，擬欲推尊北方燕國，由王而帝，以致太平，燕昭王歿後，此一詭術，大爲燕齊方士所傳，並以之熒惑諸侯，遂致歧爲若干不同之陰陽五行時令，《呂氏春秋・序意》云：「嘗得學黃帝之所以誨顓頊矣。」顓頊本爲北方之帝，處於玄宮，亦可知〈十二紀〉之文實衍自玄宮圖。〔註54〕

〈十二紀〉所述之明堂，蓋由玄宮圖之十室益爲十三，茲就〈十二紀〉所載，列明堂圖如下：

〔註52〕見戴望《管子校正・幼官圖》第九〈經言九〉。

〔註53〕同註34，頁96。

〔註54〕同註27，頁548～552。

　　王國維先生《明堂廟寢通考》云：「呂氏春秋之四堂一太室，實爲古制。」
〔註 55〕而於上列圖中，所謂四堂一太室，可以配五行，除中央太室外，分列
四方之四室，可配四時，加上八個，可配十二月，不違陰陽五行家所擬定之
時政綱領，且可與四時十二月之時序施政密切配合。

二、時政綱領

　　〈十二紀〉時令，不外陰刑陽德之說及春生、夏長、秋收、冬藏之理，
陰陽消息各當其時，五行更迭各有所宜，尤不可與時序相背，王居於明堂，
依時布政，據〈十二紀〉時令，文長不備載，唯擇其要言之：

　　（一）配合陰刑陽德之說：〈十二紀〉各月所列政事內容，是以刑德對舉
而分配於十二月，其形式實與所謂六合者悉同。〔註 56〕如春季之布德施惠，
行慶賞；夏季之行賞、封侯、慶賜；秋季之詰誅暴慢、修法制、勿封侯、勿
立大官；冬季之斷刑罰、殺當罪、阿上亂法者誅等政令，春夏行賞布德政，
秋冬施罰重刑獄，即爲陽德陰刑之體現。

〔註 55〕同註 48。
〔註 56〕同註 27，頁 576～580。

（二）配合四時行事：春夏秋冬四季除生長收藏外，更含管教養衛之道，如春令之月言生，其行事必以養生恤生爲主，三春施政須存孤寡、振乏絕、禁伐木、禁殺孩蟲胎夭；夏令之月言長，三夏之政令，所謂贊俊傑、選賢良、舉孝悌、佐天長養、勸農事、行事異用，皆象長教之理也。三秋之令，其象秋氣收斂也，天子於是時選士厲兵、以征不義、修法制、審決獄、申嚴百刑、天地示象，亦以嚴以收，皆保衛之事也。冬令之月，所謂隆冬冰寒，萬物盡藏，人主於此冬藏之象，則命百官謹蓋藏、修揵閉、固封璽、完要塞、飭喪紀、禁外徙，皆管藏之事也。至於四時迎祀之禮，〈孟春紀〉云：「先立春三日……迎春於東郊。」〈孟夏紀〉云：「先立夏三日……以迎夏於南郊。」〈孟秋紀〉云：「先立秋三日……以迎秋於西郊。」〈孟冬紀〉云：「先立冬三日……以迎冬於北郊。」亦所以突出四時也。

（三）配合五行轉移：舉凡乘輅、駕龍、載旂、衣服、服玉、食物、器用，皆順五行之德而異色異用，一成不變，固執而難通。

（四）配合十二月政令：依月分令行事，爲〈十二紀〉大要所在，王於十二月中，各有居處，各有教令，順之則有嘉祥，逆之則有咎徵。

此十二月之時令，是爲天子所擬定，因此出令之人爲天子，實行者則不分天子、百官、眾民，今以〈孟夏紀〉爲例：「立春之日，天子親率三公九卿諸侯大夫，以迎春於東郊。」此爲天子所親爲；「善相丘陵、阪險、原隰、土地所宜、五穀所殖，以教導民。」此則百官之事；至於「禁止伐木，無覆巢」等，不分官民，皆須謹守。

然其所列條文：（一）部分事項既見於屬陽之春夏，亦見於屬陰之秋冬，此種情況又可分爲三項：其一：如〈仲春紀〉載：「日夜分，則同度量，鈞衡石，角斗桶，正權概。」〈仲秋紀〉載：「日夜分，則一度量，平權衡，正鈞石，齊生角。」蓋仲春、仲秋爲日夜平均之時，故其時令皆爲同度量，鈞衡石。〈仲夏紀〉云：「是月也，日長至，陰陽爭，死生分，君子齋戒，處必揜身，欲靜無燥，止聲色，無或進，薄滋味，無致和，節嗜欲，定心氣，百官靜，事無刑，以定晏陰之所成。」〈仲冬紀〉云：「是月也，日短至，陰陽爭，諸生蕩，君子齋戒，居必揜身，欲寧，去聲色，禁嗜欲，安形性，事欲靜，以待陰陽之所定。」此因冬至夏至俱爲陰陽消長之時，故其時令爲欲靜欲寧，以待陰陽之所定。其二：則如〈孟夏紀〉與〈季夏紀〉云：「勿興土功」。〈仲冬紀〉亦云：「土事無作。」此因夏時農事正忙，如興土功，則妨農；冬宜閉

藏，土事無作，則不使地氣發洩。其三：見於〈季夏紀〉曰：「命四監大夫，合百縣之秩芻，以養犧牲……以供皇天上帝名山大川四方之神，以祀宗廟社稷之靈，爲民祈福。」〈季冬紀〉曰：「乃命四監，收秩柴薪……以供皇天上帝社稷寢廟山林名川之祀。」蓋季夏之祭，意在祈福，季冬之祭，則作爲歲末年終，對百神答報之意，二者用意不同。

（二）部分時令條文完全相對，此亦可分爲二類：其一：如〈孟春紀〉載：「不可以稱兵，稱兵必有天殃，兵戎不起，不可以從我始。」〈孟秋紀〉載：「天子乃命將師，選士厲兵，簡練桀儁，專任有功，以征不義，詰誅暴慢，以明好惡。」又〈季春紀〉云：「生氣方盛，陽氣發洩，生者畢出，萌者盡達，不可以內。」〈季秋紀〉云：「申嚴號令，命百官貴賤無不務入（內）。」孟春、季春所載爲禁行事項，孟秋、季秋所載爲應行事項，因四時時令各有所宜，春宜生，秋宜收，故舉相對之條文，以明其四時行事之要。其二：則如〈仲春紀〉所載：「安萌芽，養幼少，存諸孤。」〈仲秋紀〉載：「養衰老，授几杖，行糜粥飲食。」春時養幼少，主春生之意，秋時收斂，故養衰老，然撫幼恤老，四時皆當行之，此處乃在強調春氣發盛與秋時肅殺所行時令之不同。

（三）〈十二紀〉各月時令，均載有應行事項與禁行事項，唯仲秋之月無禁行者，蓋因：一爲漏列，一爲其規定應行事項，亦可由反面言之，當作禁行事項。

三、順令逆令之休咎

凡〈十二紀〉所載之時令，順令則祥，逆之則咎，蓋因呂書本欲承天治人，天降之賞罰，即爲休咎之徵。

（一）順令之祥

十二月令本五時令繁衍而成，雖《管子》各篇其中有關順令之祥，各時皆有，〈四時篇〉云：「……其時曰春……柔風甘雨乃至，百姓乃壽，百蟲乃蕃……。……其時曰夏……時雨乃降，五穀百果乃登……。……中央曰土……國家乃昌，四方乃服……。……其時曰秋……百物乃收……所欲必得……我信則克……。……其時曰多……甲兵乃強、五穀乃熟、國家乃昌，四方乃備……。」〈五行篇〉亦有五時順令嘉祥，至〈十二紀〉僅存六月，其目如下：

季春紀：行之是令，甘雨至，三旬。

　　孟夏紀：行之是令，而甘雨至，三旬。

　　季夏紀：行之是令，是月甘雨三至，三旬二日。

　　孟秋紀：行之是令，而涼風至，三旬。

　　仲秋紀：行之是令，白露降，三旬。

　　季冬紀：此謂一終，三旬二日。

　　〈十二紀〉載「行之是令者」者，僅此六月，且附有各月日數，可稱爲休徵者，嚴格來說，只有言「甘雨至」之季春、孟夏、季夏，疑其餘各紀當有脫佚，如《淮南子・時則》《禮記・月令》則已盡刪順令之祥，或者〈十二紀〉各月均有「行之是令」之語，因其言約而簡，而咎徵十二月盡及之，言繁而富，時勢所趨，重祥而輕災，故爲後人疏失而脫佚，亦可見後儒以災異激勵時君，較之言祥瑞更爲積極。

（二）逆令之咎

　　時政既由四時而十二月，其違令災異之說亦隨之愈演愈密，〈十二紀〉中雖偶言休徵，仍以咎徵爲主。《管子》書中，於逆令咎徵之描述，本極簡單，如〈幼官篇〉，四時各一，凡四條，每條下各連綴三句；〈十二紀〉則析一時以配三月，計十二條，每條下亦連綴三句，唯多就前者加以引申增益，如〈幼官篇〉云：「春行多令肅。」〈十二紀〉則增益引申爲「孟春行多令則水潦爲敗，雪霜大摯，首種不入。」則〈十二紀〉乃承乎前而益備。且〈幼官篇〉言咎徵僅云：春「行夏令泄」、「行秋令水」、「行多令肅」等，語氣較爲和緩，〈十二紀〉言逆令之咎，如「寇戎來征」、「民殃於疫」、「草木早死」、「民多疾厲」、「師旅必興」等，其咎徵愈爲嚴厲，多因時君之於賞，乃可有可無，之於罰，則必求其無，故其咎徵愈烈，才能產生威嚇禁止之作用。歸納〈十二紀〉所附休咎之徵，可大別爲二：

　　（一）天時生物之變化：人君施政，不順時令，最常發生之咎徵，即爲物候所生之變，如「孟春行夏令，則風雨不時，草木草槁。……行秋令……疾風暴雨數至，藜莠蓬蒿並興。」「仲春行秋令，則其國大水，寒氣總至。……行多令則陽氣不勝，麥乃不熟。」〈十二紀〉中，施政不順時令，在天時上之變化爲四時失序，風雨不調；在生物上之變化，則爲早凋、不實及死亡等反常。

　　（二）人類生活之改變：因施政措施與時序配合失當，可以影響自然界之時序生物，亦會殃及人身，進而造成社會國家之失控，不依時序施政，導

致時序反常，人類無法適應，就會產生咎徵，如「季春行夏令……民多疾疫。」「孟秋行夏令……民多瘧疫。……」「仲冬行春令……則民多疾癘。……」且時序錯亂，天候反常，自然災害必然發生，亦必因此而妨礙民生，故〈十二紀〉除於孟春之月，言「國乃有恐」、「民大疫」之外，人民無以爲生，必爲盜匪，故各月所言均有盜賊興起，兵戎作亂之語，以及人民相掠相殘，四處流徙諸患。

綜上所述，咎徵發作之因，主要爲施政與時序之錯亂，只要順令而行，至少可求得心安，而一無所懼。若有「春行秋令」之情形發生，則是以人逆天，破壞人與天之圓融，必會發生因錯雜之氣所生之災異，這種違令災異之說，對漢代學術政治亦曾發生重大影響。

第四章 《呂氏春秋・十二紀》紀首、《淮南子・時則訓》及《禮記・月令》之比較

第一節 材料結構之比較

　　〈十二紀〉紀首、《淮南子・時則訓》及《禮記・月令》實則同出一源，其基本內容，使用材料及所引載籍資料亦相去不遠，茲就《呂氏春秋・十二紀》紀首，按月區劃，下列《淮南子・時則訓》與《禮記・月令》之文，考其分合，藉以觀其流變：〔註1〕

一、孟春紀

　　一曰：【〈時則〉、〈月令〉俱無，以下同此。】孟春之月，日在營室，【《淮南・時則訓》此作「招搖指寅」，但言斗建，不及日躔，《史記・天官書》曰：「斗爲帝車，運於中央，建四時，定諸紀，皆繫於斗。」〈夏小正〉曰：「正月……斗柄懸在下。」傳曰：「蓋記時也。」十二辰大概由於古人觀察北斗定季節之習慣而來，古人最初根據初昏時斗柄所指之方向來定四季，斗柄指東，天下皆春；斗柄指南，天下皆夏；斗柄指西，天下皆秋；斗柄指北，天下皆冬，所謂「觀斗所建，命其四時」，〔註2〕其後乃以北斗「循天而轉行，建一月一辰，辰三十度九十六分度之四十二，正月建寅，二月建卯，三月建辰，

〔註1〕〈十二紀〉紀首、〈時則〉、〈月令〉三者材料結構比較所使用之版本，爲許維遹《呂氏春秋集釋等五書》，鼎文書局出版；劉文典撰《淮南鴻烈集解》，明倫出版社出版；十三經注疏本《禮記》，藝文印書館印行。

〔註2〕見孔穎達《禮記・月令》疏。

四月建巳，五月建午，六月建未，七月建申，八月建酉，九月建戌，十月建亥，十一月建子，十二月建丑也。」〔註3〕斗柄二星，一為開陽，一為招搖，「招搖指寅」，寅位在東，故為孟春。《淮南子》載日躔，別見於〈天文訓〉曰：「正月建寅，日月俱入營室五度」，是亦無異於此。】昏參中，旦尾中。其日甲乙，【《淮南子・時則訓》於「其日甲乙」上有「其位東方」，下有「盛德在木」之句，五行方位，僅〈時則〉有，餘二篇無，蓋與上文之斗建相承，「盛德在木」等五行之德，〈呂紀〉及〈月令〉皆移於下文「太史謁之天子曰」之下，唯〈時則〉仍列於此處，與《管子》所記相類，蓋本《管子》為未經改制之文也。】其帝太皥，其神句芒。【五帝號神名，〈時則〉缺此一項，但見於《淮南子・天文訓》，其帝號雖相同，而其神不稱神而稱佐，其神另指五星之名，依〈天文訓〉所載：「何謂五星，東方木也，其帝太皥，其佐句芒，執規而治春，其神為歲星。」其語亦見於《漢書・魏相傳》引〈月令〉云：「東方之神太皥，乘震，執規司春。」乘震者，乃合八卦於四時，當屬後出。如執規之例，或為漢制，或依別本而增飾者，《淮南子・時則訓》亦列規矩權衡準繩六者，見於文後，所謂六度，且云：「明堂之制，靜而法準，動而法繩，春治以規，秋治以矩，夏治以權，冬治以衡。」皆為〈呂紀〉及〈月令〉所無。】其蟲鱗，其音角，律中太蔟。其數八，其味酸，其臭羶，其祀戶，祭先脾。東風解凍，蟄蟲始振，【〈時則〉於「蟄蟲始振」下有一「蘇」字，〈呂紀〉高誘注下亦有「蘇，生也」之語，則〈呂紀〉此處當有「蘇」字，〈月令〉乃本〈呂紀〉而改。】魚上冰，【〈時則〉作「魚上負冰」，注云：「是月之時，魚應陽而動，上負冰也。」〈呂紀〉於此亦注云：「應陽而動，上負冰。」又〈夏小正〉正月云：「魚陟負冰」，則「魚上冰」當作「魚上負冰」。】獺祭魚，候雁北。【〈月令〉此作「鴻雁來」，注云：「雁自南方來，將北反。」〈夏小正〉正月云：「雁北鄉」，與〈呂紀〉、〈時則〉之「候雁北」，其意同，當如〈呂紀〉。】天子居青陽左个，乘鸞輅，【《禮記・月令》「輅」作「路」。】駕蒼龍，【〈月令〉「蒼」作「倉」。】載青旂，衣青衣，服青玉，【〈月令〉「青玉」作「倉玉」。】食麥與羊，其器疏以達。【自「天子居青陽左个」至「其器疏以達」一節，〈時則〉之序列頗異於〈月令〉，且益以飲水、爨火、御女、樂器、兵器、五畜等規定，蓋出於五時令之遺文，其文云：「天子衣青衣，乘蒼龍，服蒼玉，建青旗，食麥與羊，服八風水，爨其燧火，東宮御女青色，衣青采，鼓琴瑟。其

〔註3〕同註2。

兵矛，其畜羊，朝于青陽左个，以出春令。」〈時則〉於五時之服御飲食諸物，列載特詳，其言服食、聲數、旗物、用器等，猶與〈呂紀〉一脈相通，其所益諸物，蓋本《管子‧幼官篇》云：「八舉時節，君服青色，味酸味，聽角聲，治燎氣，用八數。飲於青后之井，以羽獸之火爨。」又曰：「旗物尚青，兵尚矛。」唯其飲水爲八風水，爨火爲植物、御女、樂器則爲〈幼官〉所無。其所謂「八風水」，當爲依時風所吹之水，「八風」當爲「八卦」思想所混入，《易‧說卦傳》已將五行四時與八卦配合，然各方時之陰陽與四時之名，尚未舉出。〈說卦傳〉云：「萬物出乎震，震，東方也。齊乎巽，巽，東南也。……離也者……南方之卦也。坤也者，地也……。兌，正秋也……。乾，西北之卦也……。坎者，水也，正北方之卦也……。艮，東北之卦也。……乾……爲金……，坤爲地……巽爲木……坎爲水……離爲火。」《左傳》《國語》」屢次言及八風，但皆未舉八風之名，〔註4〕八風之名最早見於《呂氏春秋‧有始覽》，八風爲「東北曰炎風，東方曰滔風，東南曰熏風，南方曰巨風，西南曰淒風，西方曰飂風，西北曰厲風，北方曰寒風。」《淮南子‧墜形訓》與〈天文訓〉所言之八風，稱謂不同，且「天文訓所載之八風，已成爲一種時令設計，以四十五日爲一節次，八次合共三百六十日，餘五又四分之一日爲閏餘，以八風談時政，又與陰陽五行相配，而成爲另一種陰陽五行時令設計，《淮南子‧時則訓》與〈天文訓〉之八風，實爲兩種不同之時令，唯俱出於淮南賓客之手，或者當時流行之月令，不止一種，偶有混用，亦所難免。

　　又〈時則訓〉有「爨其燧火」之語，注云：「取其木燧之火炊之。」《管子‧幼官》亦載爨火，唯其爨火用獸與此不同，〈時則〉之說當本古鄒子五時改火之說，《周禮》卷三十載司爟之職謂：「掌行火之政令，四時變國火，以救時疾。季春出火，民咸從之；季秋內火，民亦如之。」鄭注云：「鄒子曰：春取榆柳之火，夏取棗杏之火，季夏取桑柘之火，秋取柞楢之火，冬取槐檀之火。」《論語‧陽貨》何注亦同此，可見古時當有改火之事。唯〈時則訓〉五時改火僅餘春令之日謂「爨其燧火」，夏秋之月謂「爨柘燧火」，冬令之月謂「爨松燧火」，名稱又與鄒子所說不同，或爲「淮南」之錯簡，或因改火之事行之甚久，而生變異。此外，〈呂紀〉及〈月令〉均言鍾律而不及樂器，亦

〔註4〕　如《左傳》隱公五年，昭公二十年，襄公二十九年及《國語‧周語》等均言及八風。又《爾雅‧釋天》有「四風」，當爲古說，四風合於四方，由四方而八風，五行既能與四方相配，自然也可與八風相配。

無御女一項，《管子》亦然，〈時則訓〉有春「鼓琴瑟」，夏「吹竽笙」，秋「撞白鐘」，冬「擊磬石」，又有御女、五畜之文，下文又有「其官」、「其樹」之配列，故疑「淮南」此類，係雜湊另一種〈月令〉寫成者。】是月也，以立春，先立春三日，太史謁之天子曰：某日立春，盛德在木，天子乃齋。【以上數項，〈時則〉無，唯「盛德在木」列於前文「其日甲乙」下，並於下文「立春之日」上有「布德施惠、行慶省、省徭賦」之政令，〈月令〉及〈呂紀〉均列於下，文字稍異。】立春之日，天子親率三公九卿諸侯，【〈時則〉作「三公九卿大夫。」】以迎春於東郊，【〈時則〉「迎春」作「迎歲」，除下文載「修除祠位，幣禱鬼神，犧牲用牡。」之事及當月禁行之事外，〈時則〉於孟春之月，其文特少，無月中行事之記載，顯係有脫佚之文。】還，乃賞卿諸侯大夫於朝，【〈月令〉於此「還」作「還反」，而無「乃」字，「反」字或為旁注夾入正文，而係「乃」字之誤。又〈月令〉云：「賞公卿諸侯大夫於朝」，有一「公」字，俞樾曰：「據高注則卿上無公字，畢說是也。然呂氏原文，實有公字，其上文云：『天子親率三公九卿諸侯大夫，以迎春於東郊。』下文云：『反執爵于大寢，三公九卿諸侯大夫皆御。』並以三公九卿對言，則此文亦必當有公字矣。若謂三公至尊，不嫌不賞，則執爵大寢，三公至尊，亦何嫌不予而必及之乎，然則呂氏原文，當與〈月令〉同，今奪公字者，涉下文卿諸侯大夫九推而誤，高氏所據本已無公字。」〔註 5〕】命相布德和令，行慶施惠，下及兆民，慶賜遂行，無有不當，【〈月令〉「無」作「毋」，本亦作「無」，以下皆同。】迺命太史，【〈月令〉作「乃」。】守典奉法，司天日月星辰之行，宿離不忒，【〈月令〉「忒」作「貸」。】無失經紀，以初為常。是月也，天子乃以元日祈穀于上帝，乃擇元辰，天子親載耒耜，措之參于保介之御間，【〈月令〉「參于」二字互換作「于參」，文義不順，當以〈呂紀〉于義為長，許維遹先生以為「參于」疑當作「參乘」，曰：「『于』為『乘』壞脫，攷他籍多以『參乘』連文，其義易了，故高氏不注，〈月令〉作『于參』，蓋『乘』者既壞為『于』，校者知『參于』難解，遂乙轉以就上文，幸賴《呂覽》尚有痕迹可尋，鄭注謂：『參乘備非常。』孔疏：『置此耒耜於參乘保介及御者之間。』是注疏作『參乘』，則經文亦作『參乘』，明矣。」〔註 6〕】率三公九卿諸侯大夫，【〈月令〉「率」作「帥」。】躬耕帝籍田，【〈月令〉「帝籍」下無「田」字。

〔註 5〕 見許維遹撰《呂氏春秋集釋等五書上》卷一，頁 51～52。
〔註 6〕 同註 5，頁 53。

《呂氏春秋·上農篇》亦云：「是故天子親率諸侯，耕帝籍田。」則〈月令〉之文，當為脫佚。】天子三推，三公五推，卿諸侯大夫九推，【〈月令〉「卿諸侯」下無「大夫」二字，王夢鷗先生云：「呂書此處，本作『卿諸侯大夫九推』，但於『卿諸侯』下脫漏『七推』二字，而〈月令〉於『九推』之上，又脫『大夫』二字，考其原文本為『天子三推，公五推，卿諸侯七推。』斯正『降殺以兩』。」〔註7〕王引之亦以為三公五推，三字因上三公九卿文而衍，曰：「凡月令言三公者，皆與九卿對文，上文天子親帥三公九卿、諸侯大夫是也，其言公者，則與卿對文，上文賞公卿諸侯大大夫於朝是也，賞公卿諸侯大夫，不言三公九卿者，蒙上而省也，此文公五推，卿諸侯九推，不言三公九卿，亦是蒙上而省，今作三公五推，即涉上文而誤也。」〔註8〕則其原文當作「天子三推，公五推，卿諸侯七推，大夫九推。」】反，執爵於大寢，三公九卿諸侯皆御，命曰勞酒。是月也，天氣下降，地氣上騰，天地和同，草木繁動，【〈月令〉「繁」作「萌」。】王布農事，【〈月令〉作「王命布農事」。】命田舍東郊，皆修封疆，審端徑術，善相丘陵阪隰，土地所宜，五穀所殖，以教道民，必躬親之，田事既飭，先定準宜，農乃不惑。是月也，命樂正入學習舞，乃修祭典，【〈月令〉「修」作「脩」。】命祀山林川澤，犧牲毋用牝。【自「還，乃賞卿諸侯大夫於朝」至「命樂正入學習舞」，〈時則〉俱無，「犧牲毋用牝」，〈時則〉作「犧牲用牡」，其意相同，蓋從正反言之。「乃修祭典，命祀山林川澤」當即〈時則〉「修除神位，幣禱鬼神」之意，與《管子·四時》之「修除神卜，謹禱幣梗」語式相近。】禁止伐木，【〈時則〉無「止」字。】無覆巢，無殺孩蟲胎夭飛鳥，無麛無卵，無聚大眾，無眾城郭，掩骼霾髊。【「霾髊」〈月令〉作「埋胔」，〈時則〉作「薶骴」，意同。「無殺孩蟲胎夭飛鳥」，〈時則〉脫「孩蟲」、「飛鳥」。「無聚大眾，無置城郭」、〈時則〉作「無聚眾，置城郭」。】是月也，不可以稱兵，稱兵必有天殃，兵戎不起，不可以從我始，【〈月令〉闕「以」字。】無變天之道，無絕地之理，無亂人之紀。【〈時則〉未載此節，蓋有脫佚。】孟春行夏令，則風雨不時，【〈月令〉作「雨水不時」。】草木早槁，【〈月令〉作「蚤落」，〈時則〉作「旱落」。】國乃有恐。【〈月令〉作「國時有恐」。】行秋令，則民大疫，【〈月令〉〈時則〉俱作「則其民大疫」。】疾風暴雨數至，【〈月令〉作「猋風暴雨總至」，〈時則〉作「飄風暴雨總至」。】

〔註 7〕見王夢鷗撰《禮記校證》，頁 461。
〔註 8〕見王引之撰《經義述聞》卷十四「三公五推」條。

—85—

藜莠蓬蒿竝興。行冬令，則水潦爲敗，霜雪大摯，【〈月令〉作「雪霜大摯」，〈時則〉作「雨霜大雹」。】首種不入，【〈時則〉「種」作「稼」，此句後復列「正月官司空」、「其樹楊」之文，亦見於其它各月，〈呂紀〉、〈月令〉俱無，他書亦不載，蓋爲〈時則訓〉增益五官及五時改火之說而來，《管子·五行篇》列五官爲土師、司徒、君、司馬、李，《淮南·天文訓》則爲日、司馬、理、司空、都，《春秋繁露·五行相勝》〈相生篇〉亦稱爲司農、司馬、君、司徒、司寇，皆以五官與五時相配，《淮南子》更張五時爲十二月，故亦益爲十二官，十二樹當亦如之。】

二、仲春紀

一曰：仲春之月，日在奎，【〈時則〉作「招搖指卯」。】昏弧中，旦建星中。其日甲乙，【〈時則〉於此句上云「其位東方」。】其帝太皞，其神句芒。【〈時則〉無此二句。】其蟲麟，其音角，律中夾鐘，【〈時則〉〈月令〉「鐘」俱作「鍾」。】其數八，其味酸，其臭羶，其祀戶，祭先脾。始雨水，桃李華，【〈時則〉作「桃李始華」，〈月令〉作「桃始華」，〈夏小正〉以「梅杏柂桃則華」繫於正月，蓋因物候因時之變遷也。】蒼庚鳴，【〈時則〉、〈月令〉「蒼」俱作「倉」。】鷹化爲鳩。天子居青陽太廟，乘鸞輅，駕蒼龍，載青旂，衣青衣，服青玉，食麥與羊，其器疏以達。【此節〈呂紀〉、〈月令〉之異，俱見孟春之月，〈時則〉作「天子衣青衣，乘蒼龍，服蒼玉，建青旗，食麥與羊，服八風水，爨其燧火，東宮御女青色，衣青采，鼓琴瑟，其兵矛，其畜羊，朝于青陽太廟。」】是月也，安萌芽，養幼少，存諸孤。【〈時則〉無「是月也」三字，復於此載云：「命有司省囹圄，去桎梏，毋笞掠，止獄訟。」〈呂紀〉、〈月令〉見於「擇元日，命民社」之後，且文字與此稍異。〈時則〉，又於「止獄訟」之下載：「養幼小，存孤獨，以通句萌。」與〈時則〉、〈月令〉之文不同，高誘於此注〈呂紀〉云：「順春陽，長養幼少，存恤孤寡，萌芽諸當生者不擾動，故曰安。」據此，則「養幼少」二語，當在「安萌芽」之前，當據〈時則〉語序爲是。】擇元日，命人社，【〈月令〉作「命民社」，〈時則〉作「令民社」。】命有司省囹圄，去桎梏，無肆掠，止獄訟。是月也，玄鳥至，至之日，以太牢祀於高禖，天子親往，后妃率九嬪御，【〈月令〉「率」作「帥」。】乃禮天子所御，【〈月令〉作「……之所御」。】帶以弓韣，授以弓矢于高禖之前。【〈時則〉無此一節。】是月也，日夜分，雷乃發聲，【〈時則〉「乃」作「始」。】始電，【〈時則〉無此二字。】蟄蟲咸動，

開戶始出,【「蟄蟲咸動」〈時則〉此句下「蘇」字,高誘注〈呂紀〉云:「蟄伏之蟲始動蘇」,則「咸動」下當有「蘇」字,又「開戶始出」一句,〈時則〉無,〈月令〉「開」作「啓」。】先雷三日,奮鐸以令于兆民曰:【〈時則〉「奮鐸」作「振鐸」,〈月令〉則作「奮木鐸」。】雷且發聲,【〈月令〉「且」作「將」也。】有不戒其容止者,生子不備,必有凶災。日夜分,【〈時則〉無此三字。】則同度量,【〈時則〉曰:「令官市同度量」。】鈞衡石,角斗桶,【〈月令〉作「角斗甬」,〈時則〉作「角斗稱」,高誘注〈呂紀〉云:「斗桶,量器也。」稱非量器,當爲桶字之誤,桶與甬通用。】正權概。【〈時則〉作「端權櫫」。】是月也,耕者少舍,乃修闔扇,寢廟必備,【〈月令〉「必」作「畢」。】無作大事,以妨農功。【〈月令〉此作「以防農之事」。〈時則〉無此一節。】是月也,【〈時則〉無此三字。】無竭川澤,無漉陂池,無焚山林。【〈時則〉此句下有「毋作大事,以防農功」。】天子乃獻羔開冰,【〈月令〉「獻」作「鮮」,鄭注〈月令〉云:「鮮當爲獻,聲之誤也。」】先薦寢廟。上丁,命樂正,入舞舍采,【〈月令〉作「習舞釋菜」,高注〈呂紀〉云:「初入學官,必禮先師,置采帛於前。」鄭注〈學記〉曰:「菜謂芹藻之類。」梁玉繩曰:「贄帛古禮也,似勝鄭注,此與周禮春官大胥作采,蓋菜采古通,故月令文王世子作菜,又天官夏采,釋文或作菜,隸釋帝堯碑,以眉八采爲八菜也。」〔註9〕】天子乃率三公九卿諸候,親往視之,【〈月令〉「諸侯」下有「大夫」。】中丁,【〈月令〉「中」作「仲」也。】又命樂正入學習樂。【〈月令〉此作「……入學習舞」,上丁已習舞,此當作「樂」,令改「樂」爲「舞」字,非也。〈時則〉無「天子乃獻羔開冰」至此一節。】是月也。【〈時則〉無此三字。】祀不用犧牲,【〈時則〉「祀」作「祭」。】用圭幣,更皮幣。仲春行秋令,則其國大水,寒氣總至,寇戎來征。行冬令則陽氣不勝,麥乃不熟,民多相掠。行夏令則國乃大旱,【〈時則〉作「其國大旱」。】煖氣早來,【〈月令〉書作「煖氣」。】蟲蟆爲害。【〈時則〉此句下尚有「二月官倉,其樹杏」之語。】

三、季春紀

一曰:季春之月,日在胃,【〈時則〉作「招搖指辰」。】昏七星中,旦牽牛中。其日甲乙,【〈時則〉於此句上有「其位東方」。】其帝太皞,其神句芒。

〔註9〕同註5,卷二,頁94。

【〈時則〉無此二句。】其蟲鱗，其音角，律中姑洗，其數八，其味酸，其臭膻，其祀戶，祭先脾。桐始華，田鼠化爲鴽，虹始見，萍始生。天子居青陽右个，乘鸞輅，駕蒼龍，載青旂，衣青衣，服青玉，食麥與羊，其器疏以達。【〈月令〉此節與〈呂紀〉之異，俱見孟春之月，〈時則〉作「天子衣青衣，乘蒼龍，服蒼玉，建青旗，食麥與羊，服八風水，爨其燧火，東宮御女青色，衣青采，鼓琴瑟，其兵矛，其畜羊，朝于青陽右个。」】是月也，天子乃薦鞠衣于先帝。【〈時則〉無此二句。】命舟牧覆舟，【〈時則〉無「命」字。】五覆五反，乃告舟備具于天子焉，【〈時則〉作「乃言具于天子。」】天子焉始乘舟，【〈月令〉作「天子始乘舟」，〈時則〉作「天子烏始乘舟」，其中「焉」字，高注爲「於此」，「烏」則注云：「烏猶安也。」〈月令〉蓋因〈呂紀〉此處疊用「天子焉」，必有一「焉」字爲衍文，而刪其下者，〈時則〉作「乃言具于天子」，無「焉」字，恐「呂紀」本文爲上文無「焉」字。至於下文〈呂紀〉作「焉」，〈時則〉作「烏」，高誘於兩處注不同，俟考。】薦鮪于寢廟，乃爲麥祈實。是月也，生氣方盛，陽氣發泄，生者畢出，【畢沅曰：「舊校云：生一作牙，案牙字是。」〔註10〕〈月令〉、〈時則〉俱作「句者畢出」，〈月令〉注云：「句，屈生者。」其意較〈呂紀〉爲佳，亦較符合牙字之義。】萌者盡達，不可以內。天子布德行惠，【〈時則〉無此句。】命有司，發倉窌，【〈時則〉作「發囷倉」，〈月令〉作「發倉廩」。】賜貧窮，【〈時則〉「賜」作「助」。】振乏絕，開府庫，出幣帛，周天下，【〈時則〉無此句。】勉諸侯，【〈時則〉「勉」作「使」字。】聘名士，禮賢者。是月也，【〈時則〉無此三字。】命司空曰：【〈時則〉無「曰」字。】時雨將降，下水上騰，循行國邑周視原野，修利隄防，導達溝瀆，【〈月令〉「導達」作「道達」。】開通道路，無有障塞，【〈時則〉於此二句作「達路除道，從國始，至境止。」三句。王夢鷗先生以爲此言國言境，顯本爲諸侯國所設計之時令，而非爲天子。〔註11〕可見〈時則〉之駁雜。】田獵畢弋，罝罘羅網，【〈月令〉此二句作「田獵罝罘，羅網畢翳」。】餧獸之藥，【〈時則〉作「餧毒之藥」。】無出九門。是月也，【〈時則無此三字〉。】命野虞無伐桑柘，【〈時則〉作「乃禁野虞，毋伐桑柘。」】鳴鳩拂其羽，【〈時則〉作「鳴鳩奮其羽。」】戴任降于桑，【〈月令〉「戴任」作「戴勝」，〈時則〉作「戴鵀」，高注〈呂紀〉〈時則〉於此並云：「戴任」「戴鵀」，「戴勝鳥也。」

〔註10〕同註5，卷三，頁130。
〔註11〕同註7，頁476。

黃白斑交，頭上毛冠如戴華勝，故以爲名，則當作「勝」者是。】具栚曲簾
筐，【〈時則〉作「具撲曲筥筐」，〈月令〉作「具曲植籧筐」，撲爲栚之訛文，
《說文》云：「栚，槌之橫者也。」槌即植也。《方言》曰：「槌，宋魏陳楚江
淮之間謂之植。」「簾」即〈月令〉之「籧」字，亦即〈時則〉之「筥」也，
郭璞注《方言》云：「簾，古筥字。」〔註12〕后紀齋戒，親東鄉躬桑，【〈時
則〉作「東鄉親桑」。】禁婦女無觀，【〈時則〉無此句。】省婦使，勸蠶事，
【〈月令〉作「以勸蠶事」。】蠶事既登，分繭稱絲效功，以共郊廟之服，無
有敢墮。【〈月令〉「墮」作「惰」，又上四句，〈時則〉均無，當係脫佚。】是
月也，【〈時則〉無此三字。】命工師，令百工，審五庫之量，金鐵、皮革筋、
角齒、羽箭幹、脂膠丹漆，無或不良。【〈時則〉此節作「命五庫、令百工、
審金鐵、皮革筋、角箭幹、脂膠丹漆，無有不良。」〈月令〉孔疏云：「五庫
者，熊氏曰：各以類相從，金鐵爲一庫，皮革筋爲一庫，角齒爲一庫，羽箭
幹爲一庫，脂膠丹漆爲一庫，義或然。」則〈時則〉此節當如〈呂紀〉爲是。】
百工咸理，監工日號，無悖於時，【〈月令〉「於」作「于」。】無作爲淫巧，
以蕩上心。【〈時則〉缺此一節。】是月之末，擇吉日，【〈時則〉合此二句爲：
「擇下旬吉日。」】大合樂，天子乃率三公九卿諸侯大夫，【〈月令〉「率」作
「帥」。】親往視之。【〈時則〉於「大合樂」下但云：「致歡欣」三字。】是
月也，【〈時則〉無此三字。】乃合纍牛騰馬，游牝於牧，【〈時則〉「纍」作「㩃」，
〈月令〉作「累」字。】犧牲駒犢，舉書其數，【〈時則〉無此二句。】國人
儺，【〈時則〉作「令國儺」，〈月令〉作「命國難」。】九門磔禳，【〈時則〉「禳」
作「攘」，〈月令〉亦作「攘」。】以畢春氣。行之是令，而甘雨至，三旬。【〈呂
紀〉各月順令休徵之記載，尚存其半，《淮南子‧時則》僅存二條，見於季春
與季秋之月，迄於《禮記‧月令》，遂無一字存留，稽之《管子》諸篇，於五
時政令後，必列五時順令之嘉祥，而後次之以逆令咎徵，五時衍爲十二月後，
當亦如是，今觀《禮記‧禮運》之文：「故聖王之所以順，用水火土金，飲食
必時。用民必順，故無水旱昆蟲之災，民無凶饑妖孽之疾。故不愛其道，地
不受其寶，故天降甘露，地出醴泉。」足爲明證，則此順令之休徵，必爲後
人所任意刪落，幸得〈呂紀〉，得以略考其要。〈時則〉於此作「行是月令，
甘雨至，三旬。」〈月令〉無。】季春行冬令，則寒氣時發，草木皆肅，國有

〔註12〕詳見許維遹撰《呂氏春秋集釋等五書上》卷三，頁 133 及劉文典《淮南鴻烈
　　　集解》卷五，頁 24。

大恐。行夏令,則民多疾疫,時雨不降,山陵不收,【〈時則〉「收」作「登」。】行秋令,則天多沈陰,淫雨早降,【〈月令〉「早」作「蚤」。】皮革竝起。【〈月令〉「竝」作「並」。「時則」下文尚有「三月官鄉,其樹李」之文。】

四、孟夏紀

一曰:孟夏之月,日在畢,【〈時則〉作「招搖指巳」。】昏翼中,且婺女中。其日丙丁,【〈時則〉於上文云:「其位南方」,復於此句下次以「聖德在火」。】其帝炎帝,其神祝融,【〈時則〉無此二句,但見於〈天文訓〉,曰:「南方火也,其帝炎帝,其佐朱明,執衡而治夏,其神爲熒惑。」「其佐朱明」,高誘注云:「舊說云:祝融。」】其蟲羽,其音徵,律中中呂,其數七,其性禮,其事視,【〈月令〉無此二句,〈呂紀〉前後亦無此例,可能爲後人據〈月令〉刪而未盡者也。此亦可能爲後人據五性、五事之說而增益。】其味苦,其臭焦,其祀竈,祭先肺,螻蟈鳴,丘蚓出,【〈時則〉作「丘螾」,〈月令〉作「蚯蚓」。】王菩生,【〈時則〉、〈月令〉俱作「王瓜生」,鄭注〈月令〉「王瓜生」引〈今月令〉云「王萯生」,〈夏小正〉四月亦有「王萯秀」,菩萯古音同,則〈呂紀〉作「菩」者近是。】苦菜秀。天子居明堂左个,乘朱輅,【〈月令〉「輅」作「路」。】駕赤駵,載赤旂,衣赤衣,【〈月令〉此句作「衣朱衣」。】服赤玉,食菽與雞,其器高以觕。【〈月令〉「觕」作「粗」,〈時則〉此節作「天子衣赤衣,乘赤騮,服赤玉,建赤旗,食菽與雞,服八風水,爨柘燧火,南宮御女赤色,衣赤采,吹竽笙,其兵戟,其畜雞,朝于明堂左个,以出夏令。」】是月也,以立夏。【〈時則〉無此二句。】先立夏三日,太史謁之天子曰:某日立夏,盛德在火,天子乃齋。【〈時則〉無此節。】立夏之日,天子親率三公九卿諸侯大夫,【〈月令〉「率」作「帥」。】以迎夏於南郊,【〈時則〉「迎夏」作「迎歲」。】還,乃行賞封侯慶賜,無不欣說。【〈時則〉此三句作「還乃封賞,封諸侯。」〈月令〉作「還反,行賞,封諸侯,慶賜遂行,無不欣說。」】乃命樂師,習合禮樂,【〈時則〉此二句作「修禮樂」,又次以「饗左右」之文。】命太尉,贊傑儁,【〈月令〉「傑」作「桀」。】遂賢良,【〈時則〉「遂」作「選」。】舉長大,【〈時則〉作〈舉孝悌〉,此二句以〈時則〉之文意較爲明順。】行爵出祿,必當其位。【〈時則〉無「必當其位」,又益以「佐天長養」之文,與「行爵出祿」之意相去甚遠,當以〈呂紀〉爲是。】是月也,【〈時則〉無此三字。】繼長增高,【〈時則〉「長」作「修」。】無有壞隳,【〈時則〉作「隳壞。」】無起土功,無發大眾,無伐大樹,【此三句〈時則〉

作「毋興土功，毋伐大樹。」】是月也，天子始絺，【〈時則〉無此二句。】命野虞，出行田原，【〈時則〉無「出」字。】勞農勸民，【〈時則〉作「勸農事」，〈月令〉於此句上有「爲天子」三字。】無或失時。【「時則」無此句。】命司徒，巡行縣鄙，命農勉作，無伏于都。【〈月令〉作「毋休于都」，〈時則〉無此節。】是月也，【〈時則〉無此三字。】驅獸，無害五穀，【〈時則〉此二句作「驅獸畜，勿令害穀。」】無大田獵，農乃升麥，【〈月令〉「升」作「登」。〈時則〉無此二句。】天子乃以彘嘗麥，【〈時則〉無「乃」字。】先薦寢廟。是月也，【〈時則〉無此三字。】聚蓄百藥，【〈時則〉「蓄」作「畜」，〈月令〉同此。】糜草死，【〈時則〉、〈月令〉俱作「靡草死」。】麥秋至。斷薄刑，決小辠，出輕繫。【〈時則〉此三句作「決小罪，斷薄刑。」】蠶事既畢，【〈月令〉無「既」字，又此句上無「是月也」三字，〈呂紀〉文例，每一政令之前，必繫以「是月也」三字，此處當係脫漏。】后妃獻繭，乃收繭稅，以桑爲均，貴賤少長如一，【〈月令〉「少長」作「長幼」。】以給郊廟之祭服。【〈月令〉無「祭」字。】是月也，天子飲酎，用禮樂。【自「蠶事既畢」至「用禮樂」，〈時則〉俱無，〈時則〉於「孟夏之月」所載政令，其文特少，當有脫佚。】行之是令，而甘雨至，三句。【〈時則〉、〈月令〉俱無。】孟夏行秋令，則苦雨數來，五穀不滋，四鄙入保。【〈時則〉「鄙」作「鄰」。】行冬令，則草木早枯，後乃大水，敗其城郭。【〈時則〉「其」作「壞」。】行春令，則蟲蝗爲敗，【〈時則〉作「螽蝗爲敗」，〈月令〉作「蝗蟲爲災」。】暴風來格，秀草不實。【〈時則〉此句下復益以「四月官田，其樹桃」之文。】

五、仲夏紀

一曰：仲夏之月，日在東井，【〈時則〉作「招搖指午」。】昏亢中，旦危中。其日丙丁，【〈時則〉於此句上云：「其位南方」。】其帝炎帝，其神祝融，【〈時則〉無此二句。】其蟲羽，其音徵，律中蕤賓，其數七，其味苦，其臭焦，其祀竈，祭先肺。小暑至，螳螂生，鵙始鳴，反舌無聲。天子居明堂太廟，乘朱輅，【〈月令〉「輅」作「路」。】駕赤駵，載赤旂，衣朱衣，【〈孟夏紀〉作「衣赤衣」，〈月令〉孟夏之月作「衣朱衣」與此同，則孟夏之「赤衣」當爲「朱衣」之誤，〈月令〉孔疏云：「路與服言朱，駵與旂及玉言赤者，色淺曰赤，色深曰朱，路與衣服，人功所爲，染必色深，故云朱。玉與駵馬，自然之性，皆不可色深，故云赤。旌旗雖人功所爲，染之不須色深，故亦云赤。」】服赤玉，食菽與雞，其器高以觕，【〈月令〉「觕」作「粗」。】養壯狡。

【〈月令〉「狡」作「佼」。〈時則〉此節作「天子衣赤衣，乘赤騮，服赤玉，載赤旗，食菽與雞，服八風水，爨柘燧火，南宮御女赤色，衣赤采，吹竽笙，其兵戟，其畜雞，朝于明堂太廟。」】是月也，【〈時則〉無此三字。】命樂師修鞀鞞鼓，均琴瑟管簫，【〈時則〉此二句作「命樂師修鞀鞞琴瑟管簫。」】執干戚戈羽，調竽笙壎篪，【〈月令〉「壎篪」作「笙簧」。】飭鍾磬柷敔。【〈時則〉於此三句，顛倒其次序作「調竽篪，飾鐘磬，執干戚戈羽。」】命有司為民祈祀山川百原，【〈時則〉、〈月令〉「原」俱作「源」。】大雩帝，用盛樂。乃命百縣，雩祭祀百辟卿士有益於民者，【〈月令〉於「祀」上無「祭」字。】以祈穀實，農乃登黍。【〈時則〉無此節。】是月也，【〈時則〉無此三字。】天子以雛嘗黍，【〈時則〉「雛」作「雓」，注云：「雓，新雞也。」〈月令〉天子下有「乃」字。】羞以含桃，先薦寢廟。令民無刈藍以染，【〈時則〉「令」作「禁」，〈月令〉「刈」作「艾」。】無燒炭，【〈時則〉作「毋燒灰」。】無暴布，門閭無閉，關市無索，挺重囚，益其食，游牝別其群，【〈時則〉於此句上尚有「存鰥寡，振死事。」二句。〈月令〉作「游牝別群」。】則縶騰駒，【〈時則〉無「則」字，「縶」作「執」。】班馬政。是月也，【〈時則〉無此三字。】日長至，陰陽爭，死生分，君子齋戒，處必揜，身欲靜無躁，【〈時則〉上二句作「慎身無躁」，〈月令〉作「處必掩，身毋躁。」】止聲色，【〈時則〉「止」作「節」。】無或進，【〈時則〉無此句。】薄滋味，無致和，【〈時則〉無此句。】退嗜慾，【〈時則〉無此句，〈月令〉作節嗜欲」。】定心氣，【〈時則〉無。】百官靜，事無刑，【〈時則〉「刑」作「徑」。】以定晏陰之所成。鹿角解，蟬始鳴，半夏生，木堇榮。是月也，【〈時則〉無此三字。】無用南方火，【〈時則〉作「禁民無發火」。】可以居高明，可以遠眺望，【〈時則〉此句無「可以」二字。】可以登山陵，【〈時則〉作「登山陵」，〈月令〉作「可以升山陵」。】可以處臺榭，【〈時則〉作「處臺榭」。】仲夏行冬令，則雹霰傷穀，【〈月令〉「霰」作「凍」。】道路不通，暴兵來至。行春令，則五穀晚熟，【〈時則〉「晚」作「不」。】百螣時起，其國乃饑。行秋令，則草木零落，果實早成，【〈時則〉「早」作「蚤」。】民殃於疫。【〈時則〉此句下復益以「五月官相，其樹榆」二句。】

六、季夏紀

一曰：季夏之月，日在柳，【〈時則〉作「招搖指未」。】昏心中，【〈月令〉此作「昏火中」，古時皆以火為心星。】旦奎中。其日丙丁，【〈時則〉於此紀

所列文字，所紀之干支帝神方位以至天子之服御飲食，均與〈呂紀〉及〈月令〉不同，因〈時則訓〉以季夏配置五行之土，〈呂紀〉則將季夏月劃歸於火，土別立，有位無時，蓋出於土輔四時之意，其設計當來自《管子‧四時》、〈幼官〉篇，〈時則〉之設計，較類似《管子‧五行篇》，唯〈五行篇〉以五時均分，各七十二日，〈時則訓〉則土僅居季夏一月，又非一歲之中，且木、金、水各當令三月，而火當令二月，土當令一月，亦未見確當。如謂土居季夏、孟秋之間，如〈呂紀〉〈月令〉等，其土德時令又不知於何時行之，因十二月各有當令五行之德，故漢人有「土王四季，各十八日」之說，唯此類解釋，皆屬附會，〈呂紀〉〈月令〉俱無此說，其癥結所在，即因五行有五，而四時僅四，以五配四，故尚餘一行，無時令可當，〈呂紀〉於此又無明文以釋其疑，故而產生後儒種種臆說。〈時則〉此月所記，〈呂紀〉〈月令〉皆別立於中央土一節，〈時則〉六月記曰：「其位中央，其日戊己，盛德在土，其蟲臝，其音宮，律中百鐘，其數五，其味甘，其臭香，其祀中霤，祭先心。」又曰：「天子衣黃衣，乘黃騮，服黃玉，建黃旗，食稷與牛，服八風水，爨柘燧火，中宮御女黃色，衣黃采。」與〈呂紀〉「中央土」意相似，「其兵劍，其畜牛」，則爲〈呂紀〉所無，「朝于中宮」，〈呂紀〉作「天子居太廟太室」。〕其帝炎帝，其神祝融，其蟲羽，其音徵，律中林鐘，【〈月令〉作「鍾」。〕其數七，其味苦，其臭焦，其祀竈，祭先肺，涼風始至，【〈月令〉作「溫風始至」。〕蟋蟀居宇，【〈時則〉「宇」作「奧」，〈月令〉作「壁」，高注〈時則〉云：「居奧，不與經合，奧或作壁也。」〕鷹乃學習，腐草化爲蚈，【〈月令〉作「腐草爲螢」。〕天子居明堂右个，乘朱輅，【〈月令〉「輅」作「路」。〕駕赤騮，載赤旂，衣朱衣，服赤玉，食菽與雞，其器高以觕。【〈月令〉「觕」作「粗」。〕是月也，【〈時則〉無此三字，〈月令〉亦無此三字，唯〈月令〉各月政令之前，必列「是月也」三字，此處當係脫佚。〕命漁師，【〈時則〉作「乃命漁人」。〕伐蛟取鼉，升龜取黿，【〈時則〉、〈月令〉「升」俱作「登」。〕乃命虞人，入材葦。【〈時則〉作「令澇人，入材葦。」〈月令〉作「命澤人，納材葦。」〕是月也，【《時則》無此三字。〕令四監大夫，【〈時則〉令」作「命」。〕合百縣之秩芻，【〈時則〉「合」作「令」。〈月令〉合此二句爲「命四監大合百縣之秩芻。」〕以養犧牲，令民無不咸出其力，【〈時則〉無此一句。〕以供皇天上帝、名山大川、四方之神，以祀宗廟社稷之靈，【〈時則〉此作「宗廟社稷」。〕爲民祈福。【〈月令〉作「以爲民祈福」。〈時則〉此句下尚有「令弔死問疾，

存視長老，行稃鬻，厚席蓐，以送萬物歸也。」是月也，【〈時則〉無此三字。】命婦官染采，黼黻文章，必以法故，無或差忒，【〈時則〉無此二句。」〈月令〉「忒」作「貸」。】黑黃倉赤，【〈時則〉作「青黃白黑」。】莫不質良。【〈時則〉於前數月均不言親蠶獻繭之事，此忽言及染采之事，可見前文當係脫佚，或〈時則〉於此時令刪而未盡之迹也。】勿敢詭詐，【〈時則〉無，〈月令〉「詭詐」作「詐偽」。】以給郊廟祭祀之服，【〈時則〉作「以給宗廟之服。」】以為旗章，以別貴賤等級之度。【〈時則〉此二句無，而作「必宣以明」。】是月也，【〈時則〉無此句。】樹木方盛，乃命虞人，入山行木，【〈時則〉無此二句。】無或斬伐，【〈時則〉作「勿敢斬伐」，〈月令〉作「毋有斬伐」。】不可以興土功，不可以合諸侯，【〈時則〉此二句作「不可以合諸侯，起土功。」】不可以起兵動眾，【〈時則〉作「動眾興兵」。】無舉大事，以搖蕩於氣，【〈月令〉作「以搖養氣」。】無發令而干時，【〈月令〉作「毋發令而待」。】以防神農之事也。【〈月令〉無「也」字。】水潦盛昌，命神農，將巡功，【〈月令〉此二句作「神農將持功」。】舉大事，【〈時則〉自「無舉大事」至「舉大事」俱無。】則有天殃。【〈時則〉作「必有天殃」。】是月也，【〈時則〉無。】土潤溽暑，大雨時行，燒薙行水，【〈時則〉無。】利以殺草，如以熱湯，【〈時則〉無。】可以糞田疇，可以美土疆，【〈時則〉此二句作「糞田疇，以肥土疆。」】行之是令，是月甘雨三至，三旬二日。【〈時則〉、〈月令〉俱無此三句。】季夏行春令，則穀實解落，【〈月令〉「解」作「鮮」。】國多風欬，【〈時則〉無「國」字。】人乃遷徙。【〈時則〉、〈月令〉「人」俱作「民」。】行秋令，則丘隰水潦，禾稼不熟，【〈時則〉作「稼穡不熟」。】乃多女災。行冬令，則寒氣不時，【〈時則〉、〈月令〉俱作「風寒不時」。】鷹隼早鷙，【〈時則〉、〈月令〉「早」俱作「蚤」。】四鄙入保。【〈時則〉下有「六月官少內，其樹梓。」之句。】

中央土，其日戊己，其帝黃帝，其神后土，【〈時則〉中央土俱見季夏月，此二句，《淮南·天文訓》作「其帝黃帝，其佐后土，執繩而治四方，其神為鎮星。」】其蟲倮，其音宮，律中黃鐘之宮，【〈月令〉「鐘」作「鍾」。】其數五，其味甘，其臭香，其祀中霤，祭先心。天子居太廟太室，乘大輅，【〈月令〉「輅」作「路」。】駕黃駵，載黃旂，衣黃衣，服黃玉，食稷與牛，其器圜以掩。【〈月令〉「掩」作「閎」。】

七、孟秋紀

一曰：孟秋之月，日在翼，【〈時則〉作「招搖指申」。】昏斗中，【〈月令〉作「昏建星中」，建星近斗。】旦畢中。其日庚辛，【〈時則〉此作「其位西方，其日庚辛，盛德在金。」】其帝少皞，其神蓐收，【〈時則〉無帝神名，〈天文訓〉作「西方金也，其帝少昊，其佐蓐收，執矩而治秋，其神為太白。」】其蟲毛，其音商，律中夷則，其數九，其味辛，其臭腥，其祀門，祭先肝，涼風至，白露降，寒蟬鳴，鷹乃祭鳥，始用刑戮。【〈時則〉、〈月令〉「始用」俱作「用始」。】天子居總章左个，乘戎路，駕白駱，載白旂，衣白衣，服白玉，食麻與犬，其器廉以深。【〈時則〉此節作「天子衣白衣，乘白駱，服白玉，建白旗，食麻與犬，服八風水，爨柘燧火，西宮御女白色，衣白衣，撞白鐘，其兵戈，其畜狗，朝于總章左个，以出秋令。」於此下又次之以「求不孝不悌，戮暴傲悍而罰之，以助損氣。」三句】是月也，以立秋，【〈時則〉無此二句。】先立秋三日，太史謁之天子曰：某日立秋，盛德在金，天子乃齋。【〈時則〉無此節。】立秋之日，天子親率三公九卿諸侯大夫，【〈時則〉無「諸侯」二字。〈月令〉「率」作「帥」。】以迎秋於西郊。還，乃賞軍率武人於朝，【〈月令〉此作「還反，賞軍師武人於朝。」】天子乃命將帥，選士厲兵，【〈時則〉於此二句作「命將帥選卒厲兵。」】簡練桀儁，專任有功，以征不義，詰誅暴慢，以明好惡，【〈時則〉無。】巡彼遠方。【〈時則〉作「順彼四方」，〈月令〉作「順彼遠方」。】是月也，【〈時則〉無。】命有司，修法制，繕囹圄，具桎梏，【〈時則〉無。】禁止姦，慎罪邪，【「時則併此二句為「禁姦塞邪」。】務搏執。命理，瞻傷察創，視折審斷，決獄訟，必正平，【〈月令〉「正」作「端」。】戮有罪，嚴斷刑。【〈時則〉此節作「審決獄，平詞訟。」】天地始肅，不可以贏。是月也，【〈時則〉無「也」字，〈時則〉他處均不見「是月」之句，恐係刪之未盡之故。】農乃升穀，【〈時則〉「乃」作「始」，〈月令〉「升」作「登」。】天子嘗新，先薦寢廟，命百官，始收斂，完隄防，【〈月令〉「防」作「坊」。】謹壅塞，【〈時則〉作「謹障塞」。】以備水潦。修宮室，【〈月令〉「修」作「備」。】坿牆垣，【〈月令〉「坿」作「坏」。】補城郭。【〈時則〉併此三句為「修城郭、繕宮室。」】是月也，【〈時則〉無。】無以封侯，【〈月令〉作「無以封諸侯」。】立大官，無割土地，【〈時則〉無，〈月令〉作「毋以割地」。】行重幣，出大使。【〈月令〉作「行大使，出大幣。」】行之是令，而涼風至，三句。【〈時則〉作「行是月令，涼風至，三句。」〈月令〉無此三句。】孟秋行冬令，則陰氣大勝，介蟲敗穀，戎兵乃來。行春令，則其

國乃旱，陽氣復還，五穀不實。【〈時則〉、〈月令〉「不」俱作「無」。】行夏令，則多火災，【〈時則〉作「則冬多火災」，冬當爲訛字，〈月令〉作「則國多火災」。】寒熱不節，【〈時則〉「熱」作「暑」。】民多瘧疾。【〈時則〉於此句下復益以「七月官庫，其樹棟。」之語。】

八、仲秋紀

　　一曰：仲秋之月，日在角，【〈時則〉作「招搖指寅」】，昏牽牛中，旦觜嶲中。」【〈月令〉「嶲」作「觿」。】其日庚辛，【〈時則〉此句上作「其位西方」。】其帝少皞，其神蓐收，【〈時則〉無此二句。】其蟲毛，其音商，律中南呂，其數九，其味辛，其臭腥，其祀門，祭先肝，涼風生，【〈時則〉「生」作「至」，〈月令〉改作「盲風至」，又改六月之「涼風」爲「溫風」，顯係漢人爲避免測候之詞，一再重覆，而更易之詞，案呂書於〈季夏紀〉云：「涼風始至」，於〈孟秋紀〉云：「涼風至」，此又云：「涼風至」，蓋因〈呂紀〉本衍古之五時令而來，析一時而爲三月，故使原有物候不敷分配，乃至一事而分記數月。】候雁來，【〈月令〉「候」作「鴻」。】玄鳥歸，群鳥養羞。【〈時則〉作「群鳥翔」，高注〈時則〉云：「或作養，養育其羽毛也。」則〈時則〉當脫一「羞」字，而「養」又誤作「翔」也。】天子居總章太廟，乘戎路，駕白駱，載白旂，衣白衣，服白玉，食麻與犬，其器廉以深。【〈時則〉作「天子衣白衣，乘白駱，服白玉，建白旗，食麻與犬，服八風水，爨柘燧火，西宮御女白色，衣白采，撞白鐘，其兵戈，其畜犬，朝於總章太廟。」】是月也，養衰老，授几杖，行糜粥飲食。【〈時則〉此置下節。】乃命司服，具飭衣裳、文繡有常，【〈月令〉「常」作「恒」。】制有小大，度有短長，【〈月令〉「短長」作「長短」。】衣服有量，必循其故，冠帶有常。【〈時則〉無此一節。】命有司，【〈月令〉上有「乃」字。】申嚴百刑，斬殺必當，無或枉橈，枉橈不當，【〈時則〉「枉橈」作「決獄」。】反受其殃。【〈時則〉此句下云：「是月也，長養老，授几杖，行秬鬯飲食。」又有「是月也」三字，可見〈時則〉於各月行事號令上本當有〈是月也〉三字，後因去其重覆而刪之。】是月也，乃命宰祝，巡行犧牲，【〈時則〉無「巡」字，〈月令〉「巡」作「循」。】視全具，【〈時則〉無此三字。】案芻豢，瞻肥脊，【〈時則〉併此三句爲「視肥臞全粹」。】察物色，必比類，【〈時則〉「必」作「課」。】量小大，視長短，【〈時則〉作「視少長」。】皆中度，【〈時則〉作「莫不中度」。】五者備當，上帝其享，【〈時則〉無此二句，〈月令〉「享」作「饗」。】天子乃儺，【〈月

令〉「儺」作「難」。〕禦佐疾，【〈時則〉、〈月令〉俱無此三字。〕以通秋氣，【〈時則〉「通」作「御」，〈月令〉作「達」。〕以犬嘗麻，先薦寢廟。是月也，可以築城郭，【〈時則〉此二句併作「是月可以築城郭」。〕建都邑，穿竇窌，【〈時則〉、〈月令〉「窌」俱作「窖」。〕修囷倉。乃命有司，趨民收斂，務蓄菜，【〈時則〉「蓄菜」作「畜采」，〈月令〉「蓄」作「畜」。〕多積聚，乃勸種麥，【〈時則〉作「勸種宿麥」。〕無或失時，行罪無疑。【〈月令〉此句上有「其有失時」一句，〈時則〉此二句作「若或失時，行罪無疑。」稽之文義，當以〈時則〉爲是，〈呂紀〉蓋誤「若」爲「無」，〈月令〉則因〈呂紀〉語意不完足，而補入「其有失時」一句。〕是月也，日夜分，【〈時則〉無此三字。〕雷乃始收聲，【〈時則〉無「聲」字，〈月令〉無「乃」字。〕蟄蟲俯戶，【〈時則〉「俯」作「培」，〈月令〉作「坏」。〕殺氣浸盛，陽氣日衰，水始涸，日夜分，則一度量，【〈時則〉無「則」，〈月令〉「一」作「同」。〕平權衡，正鈞石，齊斗甬。【〈時則〉作「角斗稱」，〈月令〉作「角斗甬」，〈呂紀・仲春紀〉作「角斗桶」當是。〕是月也，【〈時則〉無此三字。〕易關市，【〈月令〉「易」作「理」。〕來商旅，入貨賄，【〈時則〉「賄」作「財」，〈月令〉「入」作「納」。〕以便民事，四方來雜，【〈時則〉、〈月令〉「雜」具作「集」。〕遠鄉皆至，【〈時則〉「鄉」作「方」。〕則財物不匱，【〈時則〉無「則」字，〈月令〉無「物」字。〕上無乏用，百事乃遂。凡舉事，【〈月令〉「事」作「大事」。〕無逆天數，【〈月令〉「天」作「大」。〕必順其時，乃因其類。【此節〈時則〉無，〈月令〉「乃」作「愼」。〕行之是令，白露降，三旬。【此三句〈時則〉、〈月令〉俱無。〕仲秋行春令，則秋雨不降，草木生榮，國乃有大恐。【〈時則〉無「乃」字，〈月令〉無「大」字。〕行夏令，則其國旱，【〈時則〉、〈月令〉俱作「則其國乃旱」。〕蟄蟲不藏，五穀復生。【〈時則〉作「五穀皆復生」。〕行冬令，則風災數起，收雷先行，草木早死。【〈時則〉此句下復益以「八月官尉，其樹柘。」〕

九、季秋紀

一曰：季秋之月，日在房，【〈時則〉作「招搖指戌」。〕昏虛中，旦柳中。其日庚辛，【〈時則〉此句上作「其位西方」。〕其帝少皞，其神蓐收，【〈時則〉無此二句。〕其蟲毛，其音商，律中無射，其數九，其味辛，其臭腥，其祀門，祭先肝，鴻雁來，賓爵入大水爲蛤，【此二句依高注〈呂紀〉，賓爵連文，爲「老雀也，樓宿於人堂宇之間，有似賓客。」鄭注〈月令〉，則以「鴻雁來賓」爲句，

「來賓，言及客止未去也。」】菊有黃華，【〈月令〉「菊」作「鞠」。】豺則祭獸
戮禽。【〈時則〉、〈月令〉「則」俱作「乃」。】天子居總章右个，乘戎路，駕白
駱，戴白旂，衣白衣，服白玉，食麻與犬，其器廉以深。【〈時則〉此節作「天
子衣白衣，乘白駱，服白玉，建白旗，食麻與犬，服八風水，爨柘燧火，西宮
御女白色，衣白采，撞白鐘，其兵戈，其畜犬，朝于總章右个。」】是月也，【〈時
則〉無此三字。】申嚴號令，【〈時則〉此句上有「命有司」三字。】命百官貴
賤，【〈時則〉無「命」字。】無不務入，【〈月令〉「入」作「內」。】以會天地
之藏，無有宣出，命冢宰，【〈時則〉、〈月令〉此句上俱有「乃」字。】農事備
收，舉五種之要，【〈時則〉、〈月令〉「種」俱作「穀」。】藏帝籍之收於神倉，
祈敬必飭。【〈時則〉無此句。】是月也，霜始降，百工休，乃命有司曰：寒氣
總至，民力不堪，其皆入室。上丁，入學習吹。【〈月令〉上有「命樂正」三字。】
是月也，【〈時則〉無此三字。】大饗帝，嘗犧牲，告備于天子，【〈時則〉無此
句。】合諸侯，制百縣，為來歲受朔日，與諸侯所稅於民，輕重之法，貢職之
數，【〈時則〉「職」作「歲」。】以遠近土地所宜為度，以給郊廟之事，【〈時則〉
無。〈月令〉無「之事」二字。】無有所私。【〈時則〉無此句。】天子乃教於田
獵，【〈時則〉無「天子」二字。】以習五戎獀馬，【〈時則〉作「以習五戎」，〈月
令〉作「以習五戎，班馬政。」案「班馬政」〈月令〉已繫於仲夏之月。】命僕
及七騶咸駕，載旌旐，【〈時則〉此二句合為「命太僕及七騶咸駕戴荏。」〈月令〉
此句作「載旌旐」。】輿，【〈時則〉、〈月令〉無「輿」字。】受車以級，【〈時則〉、
〈月令〉「受」俱作「授」。】整設於屏外，【〈時則〉作「皆正設於屏外」。】司
徒搢扑，【〈時則〉「扑」作「朴」。】北嚮以誓之，【〈時則〉「誓」作「贊」，〈月
令〉無「以」字。】天子乃厲服厲飭，【〈時則〉「厲飭」作「廣飾」，〈月令〉作
「天子乃厲飾」。】執弓操矢以射。【〈時則〉「射」作「獵」，〈月令〉「操」作「挾」，
「射」亦作「獵」。】命主祠、祭禽於四方。【〈時則〉無「於」字。】是月也，
【〈時則〉無「也」字。】草木黃落，乃伐薪為炭，蟄蟲咸俯在穴，【〈月令〉「穴」
作「內」。】皆墐其戶。【〈時則〉上句作「蟄蟲咸俯」，下句無。】乃趣獄刑，【〈時
則〉「趣」作「趨」。】無留有罪，收祿秩之不當者，【〈時則〉、〈月令〉俱無「者」
字。】供養之不宜者。是月也，【〈時則〉無「也」字，復於此句上益以「通除
道路，從境始，至國而后已。」三句，與季春所言相對。】天子乃以犬嘗稻，【〈時
則〉「稻」作「麻」。】先薦寢廟。季秋行夏令，則其國大水，【〈月令〉無「其」
字。】冬藏殃敗，民多鼽窒。【〈月令〉「窒」作「嚏」。】行冬令，則國多盜賊，

邊境不寧，【〈時刻〉「境」作「竟」。】土地分裂。行春令，則暖風來至，【〈時則〉「暖」作「煥」，〈月令〉作「煖」。】民氣解墮，【〈時則〉「墮」作「隋」，〈月令〉作「惰」。】師旅必興。【〈時則〉「必」作「竝」，其下復益以「九月官候，其樹槐。」之句，〈月令〉此作「師興不居」。】

十、孟冬紀

一曰：孟冬之月，日在尾，【〈時則〉作「招搖指亥」。】昏危中，旦七星中。其日壬癸，【〈時則〉於此作「其位北方，其日壬癸，盛德在水。」】其帝顓頊，其神玄冥，【〈時則〉無此二句，〈天文訓〉云：「北方水也，其帝顓頊，其佐玄冥，執權而治冬，其神爲辰星。」】其蟲介，其音羽，律中應鐘，其數六，其味鹹，其臭朽，【〈時則〉作「腐」。】其祀行，【〈時則〉作「井」，高注孟冬之五祀云：「水正玄冥，其祀井。」《論衡‧祀義篇》言五祀爲門、戶、井、竈、中霤，《白虎通‧五祀篇》兩引〈月令〉，亦與《論衡》同，因疑「行」爲「井」之誤。】祭先腎，水始冰，地始凍，雉入大水爲蜃，【〈月令〉多一「化」字，作「化爲蜃」。】虹藏不見。天子居玄堂左个，乘玄輅，駕鐵驪，載玄旂，衣黑衣，服玄玉，食黍與彘，其器宏以弇。【〈月令〉「弇」作「奄」。】〈時則〉此節作「天子衣黑衣，乘玄驪，服玄玉，建玄旗，食黍與彘，服八風水，爨松燧火，北宮御女黑色，衣黑采，擊磬石，其兵鐵，其畜彘，朝于玄堂左个，以出冬令。」】是月也，以立冬，先立冬三日，太史謁之天子曰：某日立冬，盛德在水，天子乃齋。【〈時則〉無此節，於「以出冬令」下，復益以「命有司，修群禁，禁外徙，閉門閭，大搜客，斷刑罰，殺當罪，阿上亂法者誅。」】立冬之日，天子親率三公九卿大夫，【〈月令〉「率」作「帥」。】以迎冬於北郊，還，乃賞死事，恤孤寡。【〈時則〉、〈月令〉俱作「還反」，無「乃」字，〈時則〉「恤」作「存」。】是月也，【〈時則〉無「也」字。】命太卜，【〈時則〉作「太祝」，〈月令〉作「太史」，太史、太祝、太卜之執掌不同，《禮記‧玉藻》云：「卜人定龜，史定墨。」可見龜兆之事，當爲太卜所主，禱祠則爲太祝之事，太史則不專於卜禱。】禱祀龜策占兆，【〈時則〉作「禱祀神位，占龜策。」〈月令〉作「釁龜筴占兆。」】審卦吉凶，【〈時則〉作「審卦兆，以察吉凶。」】於是察阿上亂法者則罪之，無有揜蔽。【〈時則〉無此二句，〈月令〉此二句作「是察阿黨，則罪無有掩蔽。」】是月也，天子始裘，【〈時則〉作「於是天子始裘」，無「是月也」三字。】命有司曰：天氣上騰，地氣

下降，天地不通，閉而成冬。【〈時則〉無「命有司」至「閉而成冬」數句，〈月令〉作「閉塞而成冬」。】命百官，謹蓋藏，命司徒，循行積聚，無有不斂，【〈時則〉無「無有不斂」一句，亦無「循」字。】坿城郭，【〈時則〉「坿」作「修」，〈月令〉作「坏」。】戒門閭，【〈時則〉「戒」作「警」。】修楗閉，【〈月令〉作「脩鍵閉」。】慎關籥，【〈時則〉、〈月令〉「關」俱作「管」。】固封璽，【〈月令〉「璽」作「疆」。】備邊境，【〈時則〉「備」作「修」，〈月令〉「境」作「竟」。】完要塞，謹關梁，【〈時則〉無此句。】塞蹊徑，【〈時則〉「塞」作「絕」，〈月令〉「蹊」作「徯」。】飭喪紀，辨衣裳，【〈時則〉無。】審棺槨之厚薄，【〈時則〉此作「審棺槨衣衾之薄厚」，〈月令〉作「審棺槨之薄厚」。】營丘壟之小大高卑薄厚之度，【〈時則〉無「薄厚之度」四字，〈月令〉「營」作「塋」，「薄厚」作「厚薄」。】貴賤之等級。【〈時則〉作「使貴賤卑尊，各有等級。」】是月也，工師效功，【〈月令〉上有「命」字。】陳祭器，按度程，【〈時則〉「按」作「案」。】無或作為淫巧，以蕩上心，必功致為上，物勒工名，以考其誠，功有不當，必行其罪，以窮其情。【〈時則〉「無或作為淫巧」至「以窮其情」數句作「堅致為上，工事苦慢，作為淫巧，必行其罪。」】是月也，大飲蒸，天子乃祈來年于天宗，【〈時則〉無「乃」字。】大割，祠于公社及門閭，饗先祖五祀，【〈月令〉「饗」作「臘」，〈時則〉此三句作「大禱祭于公社，畢饗先祖。」】勞農夫以休息之。【〈月令〉無「夫」字。】天子乃命將率講武，【〈時則〉無「天子乃」三字。】肄射御，角力。【〈時則〉作「角力勁」。】是月也，【〈時則〉無此三字。】乃命水虞漁師，收水泉池澤之賦，無或敢侵削眾庶兆民，【〈時則〉作「毋或侵牟」。】以為天子取怨于下，其有若此者，行罪無赦。【〈時則〉無此三句。】孟冬行春令，則凍閉不密，地氣發泄，【〈月令〉「發」作「上」。】民多流亡。行夏令，則國多暴風，【〈時則〉無「國」字。】方冬不寒，蟄蟲復出。行秋令，則雪霜不時，小兵時起，土地侵削。【〈時則〉此句下尚有「十月官司馬，其樹檀。」之句。】

十一、仲冬紀

一曰：仲冬之月，日在斗，【〈時則〉作「招搖指子」。】昏東壁中，【〈時則〉無「東」字。】旦軫中。其日壬癸，【〈時則〉上有「其位北方」之文。】其帝顓頊，其神玄冥，【〈時則〉無此二句。】其蟲介，其音羽，律中黃鐘，其數六，其味鹹，其臭朽，【〈時則〉「朽」作「腐」。】其祀行，【〈時則〉「行」

作「井」。】祭先腎，冰益壯，地始坼，鶡鴠不鳴，【〈時則〉「鶡」作「鳱」，〈月令〉「鳴」作「旦」。】虎始交。天子居玄堂太廟，乘玄駱，駕鐵驪，載玄旂，衣黑衣，服玄玉，食黍與彘，其器宏以弇。【〈月令〉「弇」作「奄」。〈時則〉此節作「天子衣黑衣，乘鐵驪，服玄玉，建玄旗，食黍與彘，服八風水，爨松燧火，北宮御女黑色，衣黑衣，擊磬石，其兵鈹，其畜彘，朝于玄堂太廟。」】命有司曰：土事無作，無發蓋藏，【〈月令〉作「慎毋發蓋」，〈時則〉無。又〈時則〉及〈月令〉此句下均有「毋發室屋」一文。】無起大眾，【〈時則〉作「及起大眾」。】以固而閉，【〈時則〉無此句。】發蓋藏，起大眾，地氣且泄，【〈時則〉無，〈月令〉「且」作「沮」。】是謂發天地之房，【〈時則〉「房」作「藏」。】諸蟄則死，民多疾疫，【〈時則〉、〈月令〉「多」俱作「必」。】又隨以喪，【〈時則〉「又」作「有」。】命之曰暢月。【〈時則〉於此上云：「急捕盜賊，誅淫佚詐偽之人，命曰暢月。」】是月也，【〈時則〉無此三字。】命閹尹，【〈時則〉、〈月令〉「閹」俱作「奄」。】申宮令，審門閭，謹房室，必重閉，省婦事，毋得淫，雖有貴戚近習，無有不禁。【〈時則〉無此三句。】乃命大酋，秫稻必齊，麴蘗必時，湛饎必潔，【〈時則〉「饎」作「熺」，〈月令〉作「熾」、「潔」作「絜」。】陶器必良，火齊必得，兼用六物，大酋監之，【〈時則〉無此二句。】無有差忒，【〈月令〉「忒」作「貸」。】天子乃命有司，祈祀四海大川名原淵澤井泉。【〈時則〉無「祈」字，「名源淵澤井泉」合作「名澤」二字，〈月令〉「原」作「源」。】是月也，農有不收藏積聚者，【〈時則〉無「者」字。】牛馬畜獸有放佚者，【〈時則〉「佚」作「失」，〈月令〉「牛馬」作「馬牛」。】取之不詰。山林藪澤，有能取疏食田獵禽獸者，【〈月令〉「疏」作「蔬」。】野虞教導之，【〈月令〉「導」作「道」。】其有侵奪者，【〈時則〉作「其有相侵奪」，〈月令〉作「其有相侵奪者」。】罪之不赦。是月也，日短至，陰陽爭，諸生蕩，【〈時則〉無此三字。】君子齋戒，處必弇，【〈時則〉「弇」作「掩」，〈月令〉作「處必掩身」，多一「身」字，蓋與仲夏之文相涉而誤矣。】身欲寧，【〈時則〉「寧」作「靜」。】去聲色，禁嗜慾，安形性，【〈時則〉此句上有「寧身體」一文。】事欲靜，以待陰陽之所定。【〈時則〉無此二句。】芸始生，荔挺生，【〈時則〉二句顛倒作「荔挺生，芸始生。」且於此二句上有「是月也」三字，〈呂紀〉及〈月令〉恐為脫佚。】蚯蚓結，【〈時則〉作「邱蚓結」。】麋角解，水泉動。日短至，【〈時則〉無。】則伐林木，【〈時則〉「林」作「樹」，〈月令〉無「林」字。】取竹箭。是月也，【〈時則〉無。】可以罷

官之無事者，【〈時則〉無「可以」二字，亦無「者」字，〈月令〉無「者」字。】去器之無用者，【〈時則〉無「去」字。】塗闕庭門閭，【〈時則〉「塗」作「涂」。】築囹圄，此所以助天地之閉藏也。【〈時則〉無「此」及「藏也」三字，〈月令〉無「所」字。】仲冬行夏令，則其國乃旱，氣霧冥冥，【〈時則〉、〈月令〉「氣」俱作「氛」。】雷乃發聲。行秋令，則天時雨汁，【〈時則〉作「其時雨水」。】瓜瓠不成，國有大兵。行春令，則蟲螟為敗，【〈月令〉「蟲螟」作「蝗蟲」。】水泉減竭，【〈時則〉、〈月令〉「減」俱作「咸」。】民多疾癘。【〈月令〉「疾」作「疥」。〈時則〉此句下復益以「十一月官都尉，其樹棗。」二句。】

十二、季冬紀

一曰：季冬之月，日在婺女，【〈時則〉作「招搖指丑」。】昏婁中，旦氐中。其日壬癸，【〈時則〉此句上云：「其日北方」。】其帝顓頊，其神玄冥，【〈時則〉無此二句。】其蟲介，其音羽，律中大呂，其數六，其味鹹，其臭朽，【〈時則〉「朽」作「腐」。】其祀行，【〈時則〉「行」作「井」。】祭先腎，雁北鄉，鵲始巢，【〈時則〉作「鵲加巢」。】雉雊雞乳。【〈時則〉「乳」作「呼卵」。】天子居玄堂右个，乘玄輅，駕鐵驪，載玄旂，衣黑衣，服玄玉，食黍與彘，其器宏以弇。【〈月令〉「弇」作「奄」，〈時則〉此節作「天子衣黑衣，乘玄驪，服玄玉，建玄旗，食黍與彘，服八風水，爨松燧火，北宮御女黑色，衣黑采，擊磬石，其兵鏃，其畜彘，朝于玄堂右个。」】命有司，大儺旁磔，【〈月令〉「儺」作「難」。】出土牛，以送寒氣。【〈時則〉無。】征鳥厲疾，乃畢行山川之祀，【〈月令〉無「行」字。】及帝之大臣，天地之神祇。【〈月令〉無「地」字，〈時則〉無此節。】是月也，【〈時則〉無此三字。】命漁師始漁，天子親往，乃嘗魚，【〈時則〉作「射漁」。】先薦寢廟。冰方盛，水澤腹，【〈月令〉作「水澤腹堅」。】命取冰，冰已入，【〈時則〉無此四句。】令告民，【〈時則〉無「告」字。】出五種。命司農計耦耕事，【〈時則〉「命」作「令」，〈月令〉無「司」字。】修耒耜，具田器，命樂師，大合吹而罷。乃命四監，收秩薪柴，【〈時則〉無「柴」字。】以供寢廟。【〈月令〉「寢」作「郊」。】是月也，日窮于次，月窮於紀，星迴于天，【〈時則〉「迴」作「周」，〈月令〉作「回」。】數將幾終，【〈時則〉無此句。】歲將更始。【〈月令〉「將」作「且」。】專於農民無有所使，【〈時則〉作「令靜農民無有所使」，〈月令〉「專於」作「而」。】天子乃與卿大夫，【〈時則〉、〈月令〉「卿」俱作「公卿」。】飭國典，【〈月令〉

作「共飭國典」。】論時令，以待來歲之宜。【〈來歲〉〈時則〉作「嗣歲」。】乃命太史，次諸侯之列，賦之犧牲，以供皇天上帝社稷之享，【〈時則〉作「翾享」，〈月令〉「享」作「饗」。】乃命同姓之國，供寢廟之芻豢，令宰歷卿大夫至于庶民土田之數，【〈時則〉此句作「卿士大夫至于庶民」，〈月令〉「令」作「命」。】而賦之犧牲，【〈時則〉無此句，〈月令〉無「之」字。】以供山林名川之祀。凡在天下九州之民者，無不咸獻其力，以供皇天上帝社稷寢廟山林名川之祀。【〈時則〉無此二句。】行之是令，此謂一終，三旬二日。【〈時則〉、〈月令〉俱無此節。】季冬行秋令，則白露蚤降，【〈時則〉「蚤」作「早」。】介蟲為妖，【〈時則〉「妖」作「祅」。】四鄰入保，【〈時則〉、〈月令〉「鄰」俱作「鄙」。】行春令，則胎夭多傷，【〈時則〉無「多」字。】國多固疾，【〈時則〉「固」作「痼」字。】命之曰逆。行夏令，則水潦敗國，時雪不降，冰凍消釋。【〈時則〉於此句以下，除如其它各紀列有「十二月獄，其樹檪」二句外，又有東方之極、南方之極、中央之極、西方之極、北方之極等類以陰陽五行時令之設計，以及六合之說，云：「六合，孟春與孟秋為合，仲春與仲秋為合，季春與季秋為合，孟夏與孟冬為合，仲夏與仲冬為合，季夏與季冬為合，孟春始贏，孟秋始縮，仲春始出，仲夏始內，季春大出，季秋大內，孟夏始緩，孟冬始急。」其十二月令亦本此而安排。】

　　綜上所述，可據以考其結構原形如下：
　　（一）月分之名，三篇相同。
　　（二）是月之日躔，〈時則〉代之以「斗建」；中星則三篇俱同。
　　（三）五行配置，〈時則〉有五行方位，餘二篇無；五行之德，〈呂紀〉、〈月令〉俱移於下文，〈時則〉則列於十干之後；五帝號神名，〈時則〉不列於十二月文中，而列在文後五方之極中，其〈天文訓〉亦載有五帝神名；五性五事之分配，僅存呂書〈孟夏紀〉一條，餘均無此項，五臭五祀除〈時則〉於冬令之月載云：「其臭腐」、「其祀井」之外，餘均同，其餘之五行配置三篇相同。
　　（四）五行土位之安排，〈呂紀〉、〈月令〉均置於季夏、孟秋之間，〈時則〉則居於季夏之月。
　　（五）物候敘述，三篇大略相同，偶有用字之不同。
　　（六）王居明堂及其器用服飾，三篇均同，唯〈時則〉敘述次序及用字稍有差異，又多「飲水」、「改火」、「御女」、「樂器」、「兵器」、「五畜」等之分配。

（七）時政月令之文，以〈呂紀〉及〈月令〉所載爲詳，〈時則〉較爲簡略，其盡刪〈月令〉「是月也」三字，而有未盡者，可見〈時則〉部分政令，當爲淮南賓客所刪略，部分則係脫佚，此亦可由〈時則〉順時之休徵及日數，僅存其二看出。

（八）逆令之咎徵，三篇大略相同。

（九）〈時則〉列有十二官、十二樹，餘二篇無。

鄭玄以爲〈月令〉乃呂不韋所著，孔穎達申鄭說，更引四證以明之；近人容肇祖先生則以爲鄒子已有〈月令〉之文，王夢鷗先生則以爲〈月令〉乃鄒子之徒之遺策，徐復觀先生亦以爲爲呂氏門人所撰。余於第一章文末嘗云，〈月令〉於兩漢之時，可以單行，三篇或者源於同一單行本之〈月令〉，又〈呂紀〉紀文乃將〈月令〉打散，分列十二紀中，其後復列與其相應之思想篇章。案〈呂紀〉成篇之前，或已有一種簡單之〈月令〉，或類似〈月令〉之文流行於世，經呂氏門客加以改制成章，因爲由五時令演成「十二月紀」如此完整之形式，並非一朝一夕之事，其中應該有一種或數種過渡時期之著作或思想存在，經呂氏門入重加整合發展而成新說，並成爲後世十二月令之定本。今據前文所考，〈呂紀〉、〈月令〉雷同部分較〈時則〉爲甚，其沿襲之迹，亦歷歷可數，二者之間往往僅有一、二字之別，且鄭氏一代通儒，深明經義，又生於漢世，去古未遠，所說當有所本，則鄭玄所謂〈月令〉乃抄合〈十二紀〉紀首而成者，確爲可信。至於〈時則〉與上兩篇之差異，除用字不同、文句脫落，以及行文次序有先後之別外，其於陰陽五行時令保存較多，又有不同月令設計，如飲八風水、十二樹、十二官、五畜……，顯係雜湊另一種〈月令〉而成，以〈時則〉與〈月令〉相較，二者雖均仿自〈十二紀〉，前者出於淮南賓客改作之迹更多。

第二節　思想特質

一、尚德主義

近人顧頡剛先生有騶衍是儒家之說，曰：

> 我很疑騶衍亦儒家，他的學說歸本於「仁義節儉，君臣上下六親之施。」此其一。史記平原君傳集解引劉向別錄，有騶衍論「辯」一節，適之先生以爲完全是儒家的口吻，與荀子論辯的話相同（中國哲學史大綱

然而古代官史之學，却未必細分如此，如陰陽家即含司天、歷數及道術三項，《漢志》云：「諸子出於王官」，又以爲「道家者流，蓋出於史官。」《史記·太史公自序》：「太史公既掌天文，不治民。」《荀子·天論》亦云：「官人守天，而自爲守道。」可見史官專責之一，即爲掌理天文，則道家與陰陽家或者本相關涉。至於漢初，陰陽家與各家學術相混，司馬談〈論六要要旨〉所描述之道家，即近於雜家，其陰陽五行色彩已很濃厚，因此道家思想頗重之《淮南子》亦收有〈時則〉、〈天文〉兩篇陰陽五行時令，〈時則〉更與〈呂紀〉、〈月令〉同出一源，除於文末有五極、六合之說及所謂「必弱以強」、「必柔以剛」之論外，三篇之思想，根本相通，其最主要之宗旨，便是尙德。《鹽鐵論·論儒篇》云：「鄒衍以儒術干世主。」所謂儒術，大概就是儒家尙德之主張，《史記·孟荀列傳》云鄒衍「睹有國者益淫侈不能尙德」而創立陰陽五行說，「要其歸必止乎仁義節儉，君臣上下六親之施。」則鄒衍創說之宗旨，本爲尙德，因此顧頡剛先生云：

> 鄒衍是齊彩色之儒家，他把儒家的仁義加上齊國的怪誕，遂成了這
> 一個新學派。〔註20〕

《呂氏春秋·十二紀》中之尙德思想也非常明顯，四時施政，大體均重安民恤民，春夏特重於布德行惠，秋冬雖嚴刑，亦是爲止姦，其目的仍是尙德，這種仁民愛物之精神，正如隋牛弘所云：其內雜有虞、夏、殷、商之法，皆聖王仁恕之政也。〔註21〕

二、重農思想

中國農業始於何時？據古籍所載，至少在神農氏時，已教民耕稼，《易·繫辭下》云：

> 神農氏作，斲木爲耜，揉木爲耒，耒耜之利，以教天下，蓋取諸
> 益。

《史記·五帝本紀》亦云中國農業，早於堯舜時代即已開展，〈周本紀〉更云周之始祖「棄」，於堯時，已爲農師，曰：

> 后稷名棄，……及爲成人，遂好耕農，相地之宜，宜穀者稼穡焉，
> 民皆法則之，帝堯聞之，舉棄爲農師。

〔註20〕同註13。
〔註21〕見《隋書·牛弘傳》。

已上雖僅爲傳統，但商民族確已進入農業生活，商人本以河南山東爲其活動區域，包含於黃河流域之中，黃河流域包括今之山東、山西、河北、河南、陝西、甘肅等行省，此種地區以西部多山，東部曠野，土壤爲黃土或沖積層，概屬豐腴，很容易發展農，而且氣候富於四季變化，風雨寒暑不失其時，其民族自然以農業爲其經濟根本，《尚書·盤庚》記載盤庚將遷都而民有怨言，盤庚乃以網綱與稼穡，曉喻民眾，勉民從上命，曰：

若網在綱，有條而不紊；若農服田力穡，乃亦有秋。

又曰：

惰農自安，不昏作勞，不服田畝，越其罔有黍稷。

可證至少於殷代中期，農業已居重要地位。而甲骨文研究，也提供商代農業狀況不少研究資料，如甲文中有求黍、求禾、登麥等語，又有禾、稻、黍、稷、麥、桑等字，以經濟型態言，商代之農業已有不可忽視之進展。周人便已完全轉入農業社會，此可由《詩經》部分詩篇看出，如農具之進步，田制之完備，農民及貴族間以土地或耕種爲中心之隸屬關係，以及農民生活情形等，皆足以反映當時之務農社會。〔註22〕春秋時，大約工農商並重，至戰國，商業已發展至相當程度，《史記·貨殖列傳》曰：

長安諸陵，四方輻湊，並至而會，地小人眾，故其人益玩巧而事末也。

又曰：

臨菑，亦海岱之門一都會也……地小人眾，儉嗇，……畏罪遠邪，及其衰，好賈趨利，甚於周人。

可知當時逐利之風甚盛，而城市交通方便，亦便於商業發展。以秦而論，秦之富強，始於商鞅變法，特重功利，若言利，則商賈之利十倍於農，故《史記·貨殖列傳》載云：

秦文、孝、繆居雍，隙、隴、蜀之貨物而多賈。獻孝公徙櫟邑，櫟邑北卻戎翟，東通三晉，亦多大賈。武、昭治咸陽，因以漢都。

秦自武、昭遷都於咸陽，四方商賈聚集，於是其人民從事商業者更多，呂不韋更以商人顯達，當其盛時，招納食客三千，及其被貶而出，諸侯賓客仍與之來往不絕，勢力之大，由此可知。然《商君書》及《呂氏春秋》仍極力推崇農業，其因有三：（一）農業爲民生必須，農失其業，則民衣食乏絕。（二）

〔註22〕參見陳榮照著〈詩經中有關周代農事史料之探討〉，《新社學報》第四期。

農業所生之天然物產，可以促進交換與商業之發展。（三）農為立國之本，兵為衛國之本，春秋戰國時代，皆主張富國強兵，而提倡農戰精神，《管子‧治國篇》云：

> 富國多粟生於農，故先生貴之，凡為國之急務，必先禁末作文巧，末作文巧禁，則民無所游食，民無所游食則必農，民事農則田墾，田墾則粟多，粟多則國富，國富則兵強，兵強則戰勝，戰勝則地廣。

《呂氏春秋‧上農篇》亦云：

> 古先聖王之所以導其民者，先務於農，農非徒為地利也，貴其志也，民農則樸，樸則易用，易用則邊境安，主位尊，民農則重，重則少私義，少私義則公法立，力專一，民農則其產復，其產復則重徙，重徙則死其處，而無二慮。民舍本而事末，則不令，不令則不可以守，不可以戰；民舍本而事末，則其產約，其產約則輕遷徙，輕遷徙則國家有患，皆有遠志，無有居心……好智而多詐，多詐則法令巧。

戰國自中世以降，諸侯竝峙，戰禍相尋，各國久戰之後，均有人寡之患，爭思所以徠民，農有地著，安土重遷，商賈則遷徙靡定，且農民生性醇厚，易於管理，農業之提倡，實是基於實際需要，不得不然耳。直至漢初，更大力推行重農抑商，秦亡漢興，經長期征戰，農業受到破壞，人民窮困，而商人獲利甚厚，以致影響國計民生，《史記‧平準書》云：

> 漢興，接秦之弊，丈夫從軍旅，作業劇而財匱，自天子不能具鈞駟，而將相或乘牛車，齊民無藏蓋，而不軌逐利之民，蓄積餘業以稽市物，物踊騰糶，米至萬錢，馬一匹則百金。平下平，高祖乃令賈人不得衣絲乘車，重租稅以困辱之。

且漢初黃老思想盛行，本於無為，愈發促使重農思想復甦，景帝時，晁錯更進一步提倡「重農貴粟」之說，曰：

> 今（文帝初年）農夫五口之家，其服役者不下二人，其能耕者不過百畝，百畝之收不過百石。春耕夏耘，秋收冬藏，治官府，給徭役……於是有賣田宅鬻子孫以償責也。而商賈……因其富厚，交通王侯，力過吏勢，以利相侵……此商人所以兼併農人，農人所以流亡者也。〔註23〕

〔註23〕見《漢書‧食貨志》引晁錯〈論貴粟疏〉。

武帝時，董仲舒亦認為土地兼併劇烈，以致富者田連阡陌，貧者無立錐之地，而提出「限民名田」之制，重農思想益興。這種思想呈現於〈月令〉之中，除因時代思潮如此，更因此類文章本即因農業之需要而發展出來。

宋敘五云：「先秦各家，大多具有重農思想。」〔註24〕先秦諸子之著作，幾乎都可找到當時關於農業知識之若干章句。《孟子‧梁惠王上》云：

> 百畝之田，勿奪其時，數口之家，可以無饑矣。……五畝之宅，樹
> 之以桑，五十者可以衣帛矣。

《管子‧牧民篇》中亦載有農業生產項目如五穀、桑麻、六畜等，此外，更出現專門談「神農之學」，以許行為首之農家學派，且已有專門之農書《神農二十篇》和《野老十七篇》，〔註25〕惜已散佚，僅有《呂氏春秋‧上農》、〈任地〉、〈辨土〉、〈審時〉四篇仍保存春秋戰國時期部份農學片段，論述從耕地、整地、播種、定苗、中耕除草、收穫以及農時等一整套具體之農業生產技術及原則，其〈上農〉一篇更反映當時重農思想及獎勵農桑之政策。而早於〈夏小正〉中，其中心思想即為重農，文中有關天象、物候之記錄，俱是為方便農業生產，有助於人們掌握一年四季氣候變化之規律，在各項民事記載中，也以農業活動所佔比例最高，如正月之「農緯厥耒」、「初歲祭耒始用畼」，「農率均田」，「農及雪澤」，「初服于公田」，二月之「往耰黍」，三月之「攝桑」，「妾子始蠶」……等皆是。〈十二紀〉承此，幾乎各月皆有農事活動，《呂氏春秋‧審時篇》一開始即云：「凡農之道，厚（候）之為寶。」即是說明於農業生產中，根據各地氣候條件，及時進行耕作最為重要，〈十二紀〉即是此項原則之具體呈現，其各月之違令咎徵，亦多與此相關。《呂氏春秋‧孟春紀》云：

> 天子乃以元日，祈穀于上帝，乃擇元辰，天子親載耒耜，措之參于
> 保介之御間，率三公九卿諸侯大夫，躬耕帝籍田，天子三推，卿諸
> 侯大夫九推。

〈季春紀〉云：

> 后妃齋戒，親東鄉躬桑，禁婦女無觀，省婦使，勸蠶事，蠶事既登，
> 分繭稱絲效功，以共郊廟之服，無有敢墮。

天子躬耕帝籍田，后妃親東鄉躬桑，其重視農桑，視為立國之本，由此可見一斑。

〔註24〕見宋敘五著〈先秦重農思想之研究〉，香港中大中文所學報七卷一期。
〔註25〕見《漢書‧藝文志》。

三、大一統之政治理想

春秋戰國時代，群雄竝起，互相兼併，春秋時互相兼併之結果，只造成少數大國，《左傳》襄公二十五年曰：

> 且昔天子之地一圻，列國一同，自是以衰，今大國多數圻矣，若無
> 侵小，何以至焉？

然與戰國相較，春秋時代仍是相當平和，張蔭麟先生曾就二者加以比較云：

> 論世變的劇繁，戰國的十年可抵得過春秋的一世紀。若把戰爭比於賭
> 博，那麼春秋的列強，除吳國外，全是涵養功深的賭徒，無論怎樣大
> 輸，決不致賣田典宅；戰國時代的列強卻多半是濫賭的莽漢，每把全
> 部家業作孤注一擲，每在旦夕之間，以富翁入局，以窮漢出場。〔註26〕

學術思想，亦各立門戶，降至戰國末期，在朝者更力圖兼併，在野者則鼓吹統一，在此之前，即有孟子爲其代表人物，《孟子‧梁惠王》云：

> 孟子見梁惠王，出語人曰：望之不似人君，就之不見所畏焉。卒然
> 問曰：天下惡乎定。吾對曰：定于一。孰能一之，對曰：不嗜殺人
> 者能一之。孰能與之，對曰：天下莫不與也。

秦之君相，自孝公商鞅以來，即有囊括四海，倂吞八荒之志，其以最強悍，有紀律之民族，全力向外發展，秦人遂無敵於天下。學術爲政治之反映，故《呂氏春秋》之作，除有綜合眾長，統一思想之意外，更寓有大一統之政治理想，朱自清先生云：

> 戰國末期，一般人漸漸感覺著統一思想的需要，秦相呂不韋便是作
> 這種嘗試的第一個人。他教許多門客合撰了一部呂氏春秋。現在所
> 傳的諸子書，大概都是漢人整理編定的；他們大概是將同一學派的
> 各篇編輯起來，題爲某子。所以都不是有系統的著作。呂氏春秋卻
> 不然，它是第一部完整的書。呂不韋編這部書，就是想化零爲整，
> 集合眾長，統一思想。〔註27〕

呂氏一書，乃在備天地萬物古今之事，蓋以其書包羅當時流行之陰陽、儒、墨、名、法、縱橫各家主要思想，《漢志》顏師古注云：

> 治國之體，當有此雜家。王者之治，於百家之道，無不貫綜。

此雜家之學所以集諸家之長，以爲施政之本，以求王治之無不周治，推呂書

〔註26〕見張蔭麟著《中國上古史綱》，頁123。

〔註27〕見朱自清著《經典常談‧諸子》第十。

著述之旨，實欲融諸家治道之長，爲一代興王典禮者也，故其〈十二紀〉條行政綱領，明王政當順天時而行政，徐復觀先生云：

> 其著十二紀的目的，乃以秦將統一天下，想爲其建立政治上的最高原則。〔註28〕

秦滅六國，結束群雄長期割據之局面，漢承秦制，成立一大一統之帝國，在思想上亦有統一之需要，如《淮南子·時則》、《禮記·月令》均承自〈呂紀〉，自寓有統一之理想，武帝時之獨尊儒術，亦是在求思想之統一，元陳浩《禮記集說》亦言及呂氏一書，「亦當時儒生學士有志者所爲，猶能彷彿古制，故記禮者有取焉。」除能彷彿古制外，這種適應統一需要之十二月令設計，亦是漢儒取之之因也。〈十二紀〉寓有大一統之政治理想，它將人事活動之重點由民間提升至天子，適用範圍擴大至天下，而其最重要之處，即王居明堂之禮，《孟子·梁惠王下》云：「夫明堂者，王者之堂也。」蔡邕《明堂月令論》亦云：「明堂者，天子太廟，所以宗祀其祖，以配上帝者也。」可見〈十二紀〉根本爲天子之行政綱領，天子爲天下唯一主人，戰國時已有此觀念，《荀子·王霸篇》云：

> 治國者分已定，則主相臣下百吏，各謹其所聞，各謹其所見，不務視其所不見。……主能當一，則百事正。夫兼聽天下，日有餘而治不足者，如此也，是治之極也。

〈十二紀〉乃將國君提升爲天子，具有無限權威，其頒布之政令亦無違弗屆，故須以機祥災異來約束其行爲，而不致流於暴虐，王夢鷗先生云：

> 周禮六官依天地四時而分職，所言者皆輔弼之事；月令亦依天地四時而爲綱，所言者皆爲元首之事。周禮詳乎股肱，而月令專屬首領，故月令之爲「王禮」，恰與周官之爲「官禮」互相補足。〔註29〕

所言頗能把握此類篇章之政治思想特質。

四、法天思想之體現

《禮記·表記》云：

> 夏道尊命，事鬼敬神而遠之。殷人尊神，率民以事神。周人尊禮尚施，事鬼敬神而遠之。

天於古人心目中多半具有此種人格神之意味，周初，天帝往往並稱，《詩·大

〔註28〕同註十七。
〔註29〕見王夢鷗著〈禮記校讀後記〉，《孔孟學報》十四期。

雅‧雲漢》謂「昊天上帝」，《尚書‧詔誥》謂「皇天上帝」，孔安國傳《書‧
仲虺之誥》云：「天以形體言，帝以主宰言。」時至春秋戰國，一般人仍視天
為具備人格神之意，然已有人事決於天命之畏天論及天命因於人事之修德論
兩種態度，〔註30〕前者可見《左傳》文公十五年季文子曰：

> 禮以順天，天之道也。己則反天，而又以討人，難以免矣。詩曰：「胡
> 不相畏，不畏于天。」君子之不虐幼賤，畏於天也，在周頌曰：「畏
> 天之威，于時保之」，不畏於天，將何能保？

後者則如《左傳》僖公五年宮之奇之語：

> （宮之奇）對曰：臣聞之，鬼神非人實親，惟德是依。故周書曰：「皇
> 天無親，惟德是輔。」又曰：「黍稷非馨，明德惟馨。」又曰：「民
> 不易物，惟德繄物。」如是，則非德民不知，神不享矣。神所馮依，
> 將在德矣。

先秦諸子，對於天更有不同之見解，其態度由畏天、知天、法天而制天，對
天之認識亦由人格神之天而至自然義之天，然其居於主宰地位，除荀子外，
並未產生動搖，以孔孟為代表儒家之天道觀，當如《詩‧大雅‧蒸民》所言：

> 天生蒸民，有物有則，民之秉彝，好是懿德。

是一種生人生物之存在，亦是一純粹至善之道德本源。孔子對於天是介於人
格神與道德天之間，故有所謂「君子有三畏，畏天命，畏大人，畏聖人之言。」
〔註31〕孔子雖敬畏天命，卻寧存而不論，《論語‧雍也篇》云：

> 務民之義，敬鬼神而遠之，可謂知矣。

孟子所論之天，則已與心性之說合流，人與天之地位，亦由敬畏而至平等，《孟
子‧盡心上》云：

> 盡其心者，知其性也，知其性，則知天矣。存其心，養其性，所以
> 事天也。

又云：

> 夫君子所過者化，所存者神，上下與天地同流，豈曰小補之哉？

已具天人合一之思想，然其有時亦以為天是定命，為人力所不及，《孟子‧梁
惠王下》云：

> 若夫成功則天也，君如彼何哉？強為善而已矣。

〔註30〕見許倬雲著《求古編》，頁 427。
〔註31〕見《論語‧季氏篇》。

墨子最為畏天，視天為一切最後之依據，是一有愛惡，可行賞罰之造物主，其《墨子‧天志》云：

> 天子為善，天能賞之，天子為暴，天能罰之，天子有疾病禍祟，必齋戒沐浴，潔為酒醴粢盛，以祭祀天鬼，則天能除去之。

又云天之愛民：

> 以磨為日月星辰以昭道之，制為四時春秋冬夏以紀綱之，雷降雪霜以長遂五穀麻絲，使民得而財利之，列為山川谿谷，播賦百事，以臨司民之善否，為王公侯伯使之賞賢而罰暴，賊金木鳥獸，從事平五穀麻絲，以為民衣食之財。

墨子天人關係，是一由上而下之對待，因此人對於天，便不能不敬不畏。

道家則為自然之天、《老子‧第七章》云：

> 天長地久，天地所以能長且久者，以其不自生，故能長生。

〈第二十三章〉云：

> 希言自然，故飄風不終朝，驟雨而不終日，孰為此者？天地，天地尚不能久而況於人乎？

莊子進一步將天視為大自然之一部分，《莊子‧天運》云：

> 天其運乎？地其處乎？日月其爭於所乎？孰主張是？……

老子以為人道須法天道之規律而行，〈第二十五章〉云：

> 人法地，地法天，天法道，道法自然。

莊子則認為人須遊心於天地一氣之化，在萬物之中，卻又任萬物自化，這便可以「乘天地之正，而御六氣之辯，以遊無窮。」〔註32〕亦可以「與造物者為人而遊乎天地之一氣。」〔註33〕孟子「萬物皆備於我」〔註34〕之大我思想，即與莊子相類，《莊子‧齊物論》上云：

> 天下莫大於秋毫之末而泰山為小，莫壽於殤子而彭祖為天。天地與我並生，而萬物與我為一。

荀子同意道家自然之天道觀，其所以敬事天地之因，祗在天地為「生之本也」。〔註35〕完全否認天對人有支配力量，天屬自然界，有自己之運行規律，

〔註32〕見《莊子‧逍遙遊》。
〔註33〕見《莊子‧大宗師》。
〔註34〕見《孟子‧盡心上》。
〔註35〕見《荀子‧禮論》。

與人事無干，其特別強調「天人之分」，〈天論〉云：

> 天行有常，不爲堯存，不爲桀亡。應之以治則吉，應之以亂則凶。彊
> 本而節用，則天不能貧；養備而動時，則天不能病；循道而不貳，則
> 天不能禍。故水旱不能使之饑，寒暑不能使之疾，祅怪不能使之凶。

同時，更進一步言人須「制天命而用之」，〈天論〉云：

> 大天而思之，孰與物畜而制之。從天而頌之，孰與制天命而用之。……
> 故錯人而思天，則失萬物之情。

因此荀子之天道觀乃採取莊子之自然觀點，却拋去莊子安於天命之態度；著重儒家人文思想，而拋去孔孟之畏天態度；形成其非常現實，強調人事，非常反宗教之制天說。〔註36〕

　　由戰國迄於漢初，還有一派陰陽五行之天道觀，其學說乃是以自然之天，組入陰陽五行系統，又利用人類敬天畏天之觀念，以重建天人關係。陰陽家將天地間種種事物和現象，統歸入陰陽與五行之中，其來源當係來自天之自然義及物質義。《史記・孟荀列傳》云：

> （鄒衍）先序今以上至黃帝，學者所共術，大並世盛衰，因載其磯
> 祥度制。

陰陽五行「天人相應」之說，磯祥出現，必與人事相應合，人事當，則天應之以吉兆，反之，則天應之以凶兆。天人相應之說，有以天爲主宰之天，磯祥出現乃爲天有意志之行爲，如《尚書・洪範》、〈金縢〉等，天所以譴告下民，即是有意爲之，此當來自原始之天人相與觀念；有以天爲自然之天，天地間有五行支配一切，其移轉自有一法則之固定秩序，更無再有一有意志人格之主宰，磯祥之出現，是自然對人事機械之感應，《呂氏春秋》，即採此說於其〈十二紀〉中，首先肯定人爲天所生，〈始生篇〉云：「始生之者，天也。」〈大樂篇〉云：「始生人者，天也。」更具體而言，「凡人物者，陰陽之化也，陰陽者，造乎天而成者也。」〔註37〕故「天地萬物，一人之身也。」〔註38〕《呂氏春秋》意欲貫通天道人事，這種天人思想，在〈序意〉一文中已揭示出來，曰：

> 文信侯曰：嘗得學黃帝之所以誨顓頊矣，爰有大圜在上，大矩在下，
> 汝能法之，爲民父母，蓋聞古之清世，是法天地。

〔註36〕同註30，頁443。
〔註37〕見《呂氏春秋・知分篇》。
〔註38〕見《呂氏春秋・有始覽》。

天之氣爲陰陽，陰陽消息於四時之中，作爲最高政治理想人物之「帝」，其生活與施爲，與四時中所體現陰陽之氣，完全相符應，如此，便將陰陽消息與仁義節儉等政治原則統一，此即〈序意〉中所謂「蓋聞古之清世，是法天地。」爲構成〈十二紀〉紀首之一大特色。〔註39〕《呂氏春秋》之旨趣在政治，而古時政治權力根源之君，亦只有以天來限制，人由自然天體悟天德、天志，自然天也就顯其德、其志於四時流行百物以示人，人法天行四時十二月政令，唯有法天，才能「與元同氣」，〔註40〕〈十二紀〉將其所載之歷史材料，民事活動，政治行爲等，依照「同氣」之原則，作一大綜合及統一，政治上既以法天爲最高理想，此種理想乃以同類相召之觀念爲基礎而建立，〈應同篇〉云：

> 氣同則合，聲比則應。鼓宮而宮動，鼓角而角應。平地注水，水流濕；均薪施火，火就燥；山雲草芥，水雲魚鱗，旱雲煙火，雨雲水波，無不比類其所生以示人。故以龍致雨；以形逐影；師之所處，必先棘楚；禍福之所自來，眾人以爲命，安知其所由。

天道人事所以能貫通，即因「類固相召」，〔註41〕人能法天，才能與天地同德，而不致傷生害事，天子四時行事能法天而行，方能具備「理陰陽，順四時」之功效，王夢鷗先生云：

> 綜觀月令所列載各種材料，可大別爲自然現象與行政綱領二大端，前者屬「天」，後者屬「人」，「承天治人」乃其基本觀念。顧此觀念，一面以自然現象爲一具有人類意志之天文；同理行政亦成爲天意表現之行事。〔註42〕

雖然，陰陽家以天爲自然之天，其機祥度制，亦是人與自然間機械之感應，然而，當天現災異時，即已顯示其對人事行爲之天意、天志，這種天人相應之法天思想，混合儒墨諸家之學，對後世思想界產生極大影響。〈呂紀〉、〈時則〉、〈月令〉於各方面思想，其實可互通，〈時則〉尚加入其它材料及意見，〈月令〉則是對〈十二紀〉紀首作全面承認，〈月令〉在兩漢之影響，即是《呂氏春秋·十二紀》紀首之影響。〔註43〕

〔註39〕同註17。
〔註40〕見《呂氏春秋·應同篇》
〔註41〕同註40。
〔註42〕見王夢鷗《禮記校證》，頁532。
〔註43〕同註17。

第五章 《呂氏春秋‧十二紀》紀首、《淮南子‧時則訓》與《禮記‧月令》之影響及評價

第一節 影 響

　　陰陽五行二說，經由鄒衍之鎔鑄，而另成新說，《漢志》陰陽家所載「鄒子四十九篇」、「鄒子終始五十六篇」，雖已亡佚，但在今傳之《呂氏春秋‧應同篇》中可以考見其終始五德之論，而其「五行相次轉用事，隨方面為服」〔註1〕之說，則俱載於同書〈十二紀〉。呂不韋集眾賓客所著成之《呂氏春秋》，旨在調和眾家，取其精而用其長，匯成一完善政治寶典，以為王者施政方針，不韋死後，秦始皇即采其象徵帝運五德之說而改制，《漢書‧律歷志》云：

> 戰國擾攘，秦兼天下，未皇暇也。亦頗推五勝，而自以為獲水德，
> 乃以十月為正，色尚黑。

《史記‧秦始皇本紀》亦載其初併天下而改制云：

> 始皇推終始五德之傳，以為周得火德，秦代周德，從所不勝。方今
> 水德之始，改年始朝賀，皆自十月朔。衣服、旄旌、節旗、皆尚黑。
> 數以「六」為紀，符法冠皆六寸，而輿六尺，六尺為步，乘六馬。
> 更名河曰德水，以為水德之始，剛毅戾深，皆決於法，刻削毋仁恩
> 和義，然後合五德之數。

然於其所列立國大經，則未予顧念。及漢之世，或以憎秦苛政而諱言其書，

〔註1〕見《史記‧封禪書》集解引如淳注語。

—117—

或以卑其人而羞稱其言，然其對漢代學術政治之影響，卻更爲深遠，徐復觀先生認爲兩漢思想家，幾乎無人不受〈十二紀〉紀首——〈月令〉之影響：因我國自新石器之仰韶文化時代起，即是以農業爲經濟骨幹。農業生產之豐凶與氣候有不可分之關係，而氣候與天，又隨農業生產而永不能忘，因此，有一部份人，將本係古代天文學家由測候所發展提升而來之陰陽觀念，作爲天之性格，以重建天之作用；更由鄒子之徒，將五行組入陰陽之下位中，使其更爲具體化，使其更與農業之氣候關連密切；這較之道德法則、精神及形而上之無，更易爲一般人所接受。原來由追求道德價值根源所肯定之天之道德法則與精神，至此而重新配合至陰陽五行上，呂氏門客，又將陰陽五行之氣，亦即天之所以爲天之氣，表現於十二月之中，使人之生活、行爲皆與其相應，這樣一來，天簡直是隨時隨處隨事而與人同在，而在學術與政治上，發生主導性之影響。〔註2〕

呂氏賓客以陰陽五行納入四時十二月紀之帝王行事曆中，又與政治設施相應而組合，兩漢學術政治，瀰漫陰陽五行讖緯符命之說，可謂〈十二紀〉已發生實質作用，然漢人崇尚呂書之政治哲學實大於其政治實務，胡適先生云：

> 其書雖月紀之首采陰陽家之說，或僅不韋藉陰陽家神秘之奧義，以及機祥度制、休咎之徵，以投時君之愛好，約束時君之權限，以暢行其建國之理想大計而已。而漢世君主，對其建國之大經大法，甚少理睬，而陰陽五行之說，卻藉其月令設計而大行其道，可謂買櫝還珠。〔註3〕

茲將《呂氏春秋·十二紀》，對漢代政治學術影響分述如下：

一、學術方面之影響

兩漢學術，雖以儒家爲主流，但在漢初，各家思想，雜然並陳，劉歆〈移讓太常博士書〉云：

> 至孝文皇帝，天下眾書，往往頗出，皆諸子傳說，猶廣立於學官，爲置博士。〔註4〕

〔註2〕見徐復觀著〈呂氏春秋及其對漢代學術與政治的影響〉，《大陸雜誌》四五卷三期。
〔註3〕見胡適著《中國中古思想史長編》，頁47。
〔註4〕見《漢書·劉歆傳》。

至武帝建元元年，詔舉賢良方正極諫之士，其中仍有「或治申、商、韓非、蘇秦、張儀之言」者。〔註5〕而仍以道家爲盛，《漢書·曹參傳》云：

> 參爲齊丞相，盡召長老諸先生，問以安集百姓，而齊故諸儒以百數，言人人殊，而參未知所定。聞膠西有蓋公，善治黃老言，使人厚幣請之，既見蓋公，蓋公爲言治道貴清靜，而民自定。推此類，具言之，參於是避正堂，舍蓋公焉。

漢初之當政者，均如是，景帝之母竇太后，又酷好黃老之術，故道家之學，一直居於優勢，然漢初道家，已非原來老莊面貌，已攝取諸家學術思想，而重新整合。蓋自戰國諸子之學竝興，各倡其說，以救時弊，因治道多方，非一家一說可盡貫，各家自須擷取他家之長，補己之短，而使學術呈現一片駁雜景象。又因統一之求日亟，如《孟子》倡「閑先聖之道，距楊墨，放淫辭，息邪說。」〔註6〕《韓非子》云：「明主之國，無書簡之文，以法爲教，無先王之教，以吏爲師。」〔註7〕《呂氏春秋》作者，目睹當時「人以爲是，反以相誹，天下之學者多辯，言利辭倒，不求其實，務以相毀，以勝爲故。」〔註8〕必統合一之，兩漢學術即表現此折衷混合之道。武帝初之《淮南子》，即沿襲《呂氏春秋》之作法而成書。《呂氏春秋》成於秦政八年，然其補綴之功，直至秦統一天下之後，則呂氏門客之學術活動，當與秦同終始，甚且一直延至漢初，因此，漢初之思想家，於《呂氏春秋》，或有直傳及再傳之關係，其對漢代思想之影響，亦是至深且鉅。《淮南子》及《周禮》所以成立，均是啓發自《呂氏春秋》。〔註9〕

至武帝時，乃採董仲舒之議「推明孔氏，抑黜百家。」〔註10〕然而，兩漢之儒學，乃陰陽五行化之儒學，《漢書·五行志》謂：「仲舒……始推陰陽爲儒者宗。」自董仲舒後，漢儒注經，莫不雜以陰陽五行家言，皮錫瑞《經學歷史》云：

> 漢有一種天人之學，而齊學尤盛。伏傳五行，齊詩五際，公羊春秋，多言災異，皆齊學也。易有象數占驗，禮有明堂陰陽，不盡齊學，

〔註5〕見《漢書·武帝紀》。
〔註6〕見《孟子·滕文公下》。
〔註7〕見《韓非子·五蠹篇》。
〔註8〕見《呂氏春秋·察今篇》。
〔註9〕同註2。
〔註10〕見《漢書·董仲舒傳》。

而其旨略同。當時儒者，以為人主至尊，無所畏憚，借天象以示儆，庶使其君有失德者，猶知恐懼修省，此春秋以元統天，以天統君之義，亦易神道設教之旨，漢儒藉此以匡正其主，其時人主方崇經術，重儒臣，故遇日食地震，必下詔罪己，或責免三公；雖未必能如周宣之遇災而懼，側身修行，尚有君臣交儆遺意，此亦漢時行孔教之一證。後世不明此義，謂漢儒不應言災異，引讖緯，於是天變不足畏之說出矣。近西法入中國，日食星變，豈可豫測，信之者以為不應附會災祥。然則孔子春秋所書日食星變，豈無意乎？〔註11〕

陰陽之義，原極平實，乃指日光之有無；五行原係人民日用所需五種資材，結合陰陽五行而成說，本自鄒衍，並以此顯名，望重諸候，《史記・孟荀列傳》載云：

> （鄒衍）適梁，梁惠王郊迎，執賓主之禮。適趙，平原君側行襒席。如燕，燕昭王擁篲先驅，請列弟子之座而受業，築碣石宮，身親往師之。

至呂不韋撰集《呂氏春秋》，頗採其說於〈十二月紀〉中，配以天文、天干、數字、器皿、方位、曆法、五帝、五味、五臭、五祀、五臟、五色、五禾、五畜、五音十二律，建立一天人相應之帝王行事曆，雖未大行於秦世，至漢而大行其道，《淮南子》全錄〈十二紀〉紀首為〈時則訓〉而頗有變更，京房之卦氣說，亦是由〈十二紀〉所啓發而來，《漢書・京房傳》云：

> 京房……治易。……其說長於災變，分六十卦更直日用事，以風雨寒溫為候，各有占驗。

徐復觀先生云：

> 十二紀紀首，把陰陽五行之氣，表現到十二個月中間去，於是陰陽運行於時間之中，更為具體而明確，由此再進一步的發展，則是把陰陽運行於時間之中，不僅以月為單位，而係以日為單位。六十四卦，抽出震離兌坎四卦各主一時；其餘六十卦三百六十爻，各主一日，這樣一來，運行於時間之中的陰陽五行之氣，可以日為單位而加以考察按驗，就較之十二紀更為具體而細密，由此以言占驗，便更可應接人事的紛擾。把陰陽五行之氣，由表現於十二月，進而表現於三百六十日，這是一條直線上的推演，所以卦氣說是受了十二

〔註11〕見皮錫瑞著《經學歷史・經學極盛時代》。

紀的影響所啓發出來的。〔註12〕

此外，如《禮記》四十九篇，其以陰陽五行言禮者，則或間接直接受〈十二紀〉之影響，如《禮記・王制》所說田禮十事，即爲陰陽家四時禁忌之教令，其文云：

> 獺祭魚，然後虞人入澤梁。豺祭獸，然後田獵。鳩化爲鷹，然後設罻羅。草木零落，然後入山林。昆蟲未蟄，不以火田。不麛。不卵。不殺胎。不殀夭。不覆巢。

《禮記集說》云：「此十者，皆田之禮，順時序，廣仁義也。」至於〈月令〉一文，鄭玄以爲〈本呂氏春秋十二月紀之首章〉，〔註13〕孔穎達更申之：

> 鄭必謂不韋作者，以呂氏春秋十二紀正與此同，不過三五字別，且不韋集諸儒所作爲一代大典，亦採擇善言之事遵立舊章，但秦不能依行，何怪不韋所作也，又秦爲水位，其來已久，秦文公獲黑龍以爲水瑞，何怪未平天下前不以十月爲歲首乎？是鄭以月令不韋所作。〔註14〕

而將〈十二紀〉紀首錄於〈月令〉，爲《禮記》四十九篇之一，其影響乃更爲擴大，〈十二紀〉乃綜貫天地人以立政治之最高準則，其成立，可視作陰陽五行思想進一步發展之成果。於兩漢學術瀰漫陰陽五行之氣氛下，漢時儒者與〈十二紀〉之關係，也更爲密切，因其多講求通經致用，好善論政，爲加強其政論分量，故本儒家天命道德思想，配合陰陽五行之說，引天道以言人事，其中尤以董仲舒所受影響最大，徐復觀先生云：

> 受十二紀影響最大者，當爲董仲舒，他繼承了十二紀紀首陰陽五行的觀念，並作了極煩瑣地發展，此觀於春秋繁露一書而可見。他的尚德去刑，以春夏爲天之德，秋冬爲天之刑的觀念，也由十二紀發展而來。而春秋繁露觀德三十三謂「百禮之貴（貴重者），則編於月，月編於時。」這更是指十二紀紀首而言。五行對第三十八「天有五行，木火土金水是也，木生火，火生土，土生金，金生水。水爲冬，金爲秋，土爲季夏，火爲夏，木爲春。春主生，夏主長，季夏主養，秋主收，冬主藏。」皆本於十二紀紀首。五行之義第四十二，四時

〔註12〕同註2。
〔註13〕見《禮記・月令》孔穎達引鄭玄目錄。
〔註14〕見《禮記・月令》孔穎達疏。

之別第五十五，莫不如此，要了解漢代思想的特色，便不能不了解
董仲舒思想的特色及他在漢代學術中所佔的重要地位。而董仲舒思
想的特色，可以說完全由十二紀紀首發展出來的。〔註15〕

今觀其《春秋繁露》一書，以陰陽五行名篇者有〈五行對〉第三十八，〈五行
之義〉第四十二，〈陽尊陰卑〉第四十三，〈陰陽位〉第四十七，〈陰陽終始〉
第四十八，〈陰陽義〉第四十九，〈陰陽出入上下〉第五十，〈五行相生〉第五
十八、〈五行相勝〉第五十九，〈五行順逆〉第六十，〈五行變救〉第六十三，
〈五行五事〉第六十四，十二篇之多，其餘各篇，亦以陰陽五行四時為其架
構。《史記・儒林傳》載董仲舒之春秋說云：

今上即位，為江都相，以春秋災異之變，推陰陽所以錯行，故求雨
閉諸陽，縱諸陰，其止雨反是。行之一國，未嘗不得所欲。中廢為
中大夫，居舍著災異之記。

《漢書・五行傳》亦言其「治公羊春秋……始推陰陽。」可見董仲舒之春秋
說，乃推陰陽以言災異。又《漢書・董仲舒傳》載武帝即位，仲舒以賢良對
策，凡三問三對，世稱「天人三策」，武帝第一策所問主旨為：

三代受命，其符安在？災異之變，何緣而起？

第三策所問主旨為：

蓋聞善言者，必有徵於人；善言古者，必有驗於今，故朕垂問乎天
人之應。

可見當時之君主，已深受陰陽災變讖緯符命說之影響，董仲舒又欲藉此將西
漢初年尚刑名法治，轉為儒家尚德之思想，《春秋繁露，陽尊陰卑》第四十三：

陰，刑氣也；陽，德氣也。陰始於秋，陽始於春，以夏養春，以冬
喪秋，大人之志也。是故先愛而後嚴，樂生而哀終，天之當也。而
人主資諸天，大德而小刑也。是故人主近天之所近，遠天之所遠，
大天之所大，小天之所小。是故天數右陽而不右陰，務德而不務刑。
刑之不可任以成世也，猶陰不可任以成歲也。為政而任刑，謂之逆
天，非王道也。

其天人思想亦是由此而出，又採取陰陽五行之宇宙觀，《春秋繁露・天通無二》
云：

天之常道，相反之物也，不得而起，故謂之一，一而不二者，天之

行也。陰與陽，相反之物也，故或出或入，或左或右。春俱南，秋
俱北，夏交於前，冬交於後，並行而不同路，交會而各代理。

又於〈天辨在人〉云：

如金木水火，各奉其所主，以從陰陽。相與一力而並功，其實非獨
陰陽也，然而陰陽因之以起，助其所主。

此所說明一氣演化爲五行後，各有其特性，更可由此以助長陰陽之氣，如此，
陰陽五行便更爲密切。其於同書之〈同類相動篇〉幾全襲用呂書〈應同篇〉，
則董仲舒以爲天人相應所生之機祥，乃爲機械之感應，然仲舒又於〈必仁且
智篇〉云：「災者，天之譴也；異者，天之威也。譴之而不知，乃畏之以威。」
人事有失則天出災異以譴告之，是上天有意爲之，其天人相應，乃兼二說以
言機祥。然而，董仲舒並不以天人爲上下之對待，他重視人，將人與天地並
列，此即來自儒家，故云：「人受命乎天也，故超然有以倚。」「唯人獨能偶
天地。」〔註16〕又云：「天地人，萬物之本也。天生之，地養之，人成之。」
〔註17〕既然天地人爲萬之本，人並非全然受制於天，亦可相對而爲感應，此
即天人交感，人事同樣也能影響天道，〈同類相動篇〉云：

天有陰陽，人亦有陰陽，天地之陰陽起，而人之陰陽應之而起，其
道一也。明於此者，欲致雨則動陰以起陰；欲止雨則動陽以起陽，
故致雨非神也，而疑於神者，其理微妙也，非獨陰陽之氣可以類進
退也，雖不祥禍福所從生，亦由是也。無非己先起之，而物以類應
之而動也。

由此文可以看出董仲舒天人之發展已較〈十二紀〉更進一步，〈十二月紀〉強
調人須法天而行，是以「天」爲主，董仲舒則強調「天人交感」，加入儒家重
人之思想，人也能掌握天人兩橛中之一橛，人不能改變天意，但天意將因人
之行爲而改變。其歷史哲學亦由「五德終始」而作爲三統。〔註18〕董仲舒之
思想，係由〈十二紀〉出，同時作更進一步之發揮，自其天人之學立，經生
說經，無不援引陰陽五行之說，賀凌虛先生云：

自呂氏春秋以陰陽五行學說爲其政治理論的形式架構……作有系統
的配合而予以傳布，並經秦始皇完成統一之初，對五德終始的理論

〔註16〕見董仲舒撰《春秋繁露‧人副天數篇》。
〔註17〕同註16，〈立元神篇〉。
〔註18〕同註16，〈三代改制質文篇〉。

加以採納補充，使成爲一種政治制度以後，再經漢儒配以五事、八卦、八風、地支、五常、姓氏，於是體系更加擴充，其對政治思想影響之鉅，實非戰國末期可比。武帝時，董仲舒即據五德終始說而蛻化出一種三統說。……縱觀兩漢時人論政，頗多帶有濃厚的陰陽五行色彩。甚至講解經學，亦幾無不陰陽化。即其餘諸家學說，亦概無不爲陰陽五行所滲透，且從各種著作散發流散出來，泛濫至整個社會，深入一般人的觀念之中，使一切政治組織、社會生活、禮儀規範、天文曆算、文學醫藥，甚至農工技藝，幾無不謀與之配合，並以之爲解釋的根據，影響所及，竟至現代而未衰退。〔註19〕

二、政治方面之影響

《呂氏春秋·十二紀》對漢代政治之影響，主要是順著「與元同氣」之觀念而來，〔註20〕從政治上去〈理陰陽〉〈順四時〉，《史記·陳丞相世家》云：

> 宰相者，上佐天子，理陰陽，順四時，下育萬物之宜。

《漢書》七四〈魏相傳〉亦載云：

> 臣愚以爲陰陽者王事之本，群生之命，自古聖賢，未有不由者也。天子之義，必純取法天地，而觀於先聖。高皇帝所述書天子所服第八曰：大謁者臣章，受詔長樂宮曰，令群臣議天子所服，以安治天下。相國臣和、御史大夫臣昌，謹與將君臣陵，太子太傅臣通等議，春夏秋冬，天子所服，當法天地之數，中得人和，故自天子王侯有土之君，下及兆民，能法天地，順四時，以治國家，身無禍殃，年壽永享，是奉宗廟安天下之大禮也，臣請法之。中謁者趙堯舉春，李舜舉夏，兒湯舉秋，貢禹舉冬，四人各職一時，大謁者表章奏曰可。

由此不難推想當時此種風氣之盛。陰陽家鄒衍，深觀陰陽消息，因四時之大順以行事，呂氏門客將此大經大法納入〈十二紀〉紀首中，漢時儒者，更實其說，除依倣〈十二紀〉紀首之《淮南子·時則訓》及《禮記·月令》外，尚推衍出依八風所擬定之時政綱領，八風之名，早見於《左傳》，而依八風所訂之時令政綱，則有《淮南子·天文訓》，《白虎通德論》所載與〈天文訓〉

〔註19〕見賀凌虛著《呂氏春秋政治的理論》，頁188。
〔註20〕同註2。

略同，〔註21〕西漢宣帝時，魏相以八卦言政事，〔註22〕其觀念當係出自〈十二紀〉紀首，究之〈呂紀〉紀首於漢代政治所發生之作用，主要在兩方面，一為時令與施政措施之配合，一為災異與政治責任之問題。

（一）時令與施政措施

兩漢君主多接受時令與施政措施須相配合之觀念，君臣之間論及政事，亦以此規定作為依據，政治措施，每引其說以為經律，《漢書》四九〈李尋傳〉云：

> 加以號令不順四時……夫以喜怒賞罰而不顧時禁，雖有堯舜之心，猶不能致和……故古之王者，尊天地，重陰陽，敬四時，嚴月令，順之以善政，則和氣可以立致……今朝廷忽於時月之令，諸侍中尚書近百，官皆令通知月令之意，設臣下請事，若陛下出令，有繆於時政，當爭之以順時氣。

《漢書》卷十〈成帝紀〉陽朔二年詔曰：

> 昔在帝堯，立羲和之官，命以四時之事，令不失其序……明以陰陽為本也。今公卿大夫，或不信陰陽，薄而下之，所奏請多違時政……而欲陰陽調和，豈不難哉，其務順四時月令。

兩漢之世，似此詔奏甚多，其遵守陰陽家規定之四時教令，已相沿成風，四時亦各有禁忌，《漢書‧王莽傳》載：

> 地皇元年正月乙未，赦天下，下書曰：「方出車行師，敢有趨讙犯法者，輒論斬，毋須時，盡歲止。」於是春夏斬人都市，百姓震懼。

《後漢書‧鄧晨傳》載晨語光武云：

> 王莽悖暴，盛夏斬人，此天亡之時也。

可知漢時春夏忌殺，刑殺必於陰氣當令之秋冬，《後漢書‧章帝紀》建初六年詔云：

> 各推精誠，專集人事，罪非殊死，須立秋案驗，有司明選舉，進柔良，退貪猾，明時令，理冤獄。

又《漢書‧李尋傳》云：

> 季夏舉兵法，時寒氣應，恐有霜雹之災；秋月行封賞，其月土濕奧，恐有雷電之變。

則四時時禁，漢時已很盛行，四時時政，其大者，即春夏重農事，戒稱兵，

〔註21〕見班固撰《白虎通德論》卷下〈八風〉。
〔註22〕見《漢書‧魏相傳》。

禁刑殺；秋冬主閉藏，戮罪犯，治刑獄，《後漢書・明帝紀》中元年詔云：

> 方春戒節，人以耕桑，其敕有司，務順時氣，使無煩擾。天下亡命，
> 殊死以下，聽得贖論。

《後漢書・韋彪傳》云：

> 彪以世承二帝吏化之後，多以苛刻為能，又置官選職，不必以才，
> 因盛夏多寒，上疏諫曰：臣聞政化之本，必順陰陽，伏見立夏以來，
> 當暑而寒，殆以刑罰苛急，郡國不奉時令所致。

考時令之政，必順四時而行，春生夏長秋收冬藏為四時自然，春夏戒斬伐，恐盡民之材用；秋冬之時，物已成長，故伐而用之，收而藏之，此時令之本義。〈十二紀〉本此，以春夏陽氣當令，應行慶賞寬仁之政，而不置刑殺，秋冬反之，《鹽鐵論》五四昭帝始元六年云：

> 詔承相御史文學之士議論民間疾苦，大夫曰：春夏生長，利以行仁，
> 秋冬殺藏，利以施刑，秋冬行德，是謂逆天道。

春夏既主寬仁之政，王者應當導養萬物，亦不可行秋冬兵戎之事，《後漢書・魯恭傳》云：

> 今乃以盛春之月，興發軍役，擾動天下，以事戎狄，誠非所以垂恩
> 中國，改元正時，由內及外也，萬民者，天之所生，天愛其所生，
> 猶父母愛其子，一物有不得其所者，則天氣為之舛錯，況於人
> 乎？……惟陛下留聖恩，休罷士卒，以順天心。

兩漢時令與時施政須相互配合，是一君臣之共識，同時更已深入民心，故王莽於春夏斬人，而百姓震懼，此皆源自〈十二紀〉紀首。

（二）災異與政治責任

如施政不合月令，則陰陽失和而災異現，災異與機祥之產生，即因天人相感之故，翼奉奏封事云：

> 人氣內逆則感動，天變見於星氣日蝕，地變見於奇物震動。〔註23〕

天所以出災異，乃在譴告人君，班固云：

> 天所以有災異何？所以譴告人君，覺悟其行，欲令其悔過修德，深
> 思遠慮也。〔註24〕

復以天出災異，譴告人君，乃出於愛護佑助之心，鄭興云：

〔註23〕見《漢書・眭、兩夏侯、京、翼、李傳》。
〔註24〕同註21，〈壽命篇〉。

> 天於賢聖之君，猶慈父之於孝子也，丁寧申戒，欲其反政，故災變
> 仍見，此乃國之福也。〔註25〕

蔡邕亦云：

> 天於大漢，殷勤不已，故屢出祆變，以當譴責。〔註26〕

人君所以會受到天之災異譴告，乃因其在政事或私德上有所缺失，此較〈呂
紀〉，因時令失序而產生休咎之徵，天出災異以示警之層面更爲擴大。然而〈呂
紀〉人事天道間，是自然之感應，至班固時，尚強調天出災異以譴告人君，
鄭興、蔡邕則以天見災異，爲出於愛護佑助之心，使君主更樂於接受諫言，
以免加罪言者，如《後漢書・張皓傳》云：

> 順帝即位……時清河趙騰上言災異，譏刺朝政；章下有司收騰繫考，
> 所引黨輩八十餘人，皆以誹謗當伏重法。

以陰陽說災異，自〈呂紀〉後已有許多發展，但順〈十二紀〉之規格以言政
治及災異，在當時已成爲一股有力之觀念，則萬物可疑。〔註27〕天降災異，
既是爲譴告人君，人君便應修政及責己，《呂氏春秋・順民篇》云：

> 昔者湯克夏而正天下，天下大旱，五年不收，湯乃以身禱於桑林曰：
> 余一人有罪，無及萬夫，萬夫有罪，在余一身，無以一人之不敏，
> 使上帝鬼神傷民之命，於是翦其髮，酈其手，以身爲犧牲，用祈福
> 於上帝，民乃悅，雨乃大至。

〈制樂篇〉又云：

> 周文王立國八年，歲六月，文王寢疾，五日而地動，東南西北，不
> 出國郊。……於是謹其禮秩皮革，以交諸侯，飾其辭令幣帛，以禮
> 豪士，頒其爵列等級以賞群臣，無幾何，疾乃止。

責己修政，便可消除災異，災異是由過失所引起，所謂責任歸屬，必是有相
當政治職權之人，主要是君主，其次是臣下，兩漢君主以災異下詔罪己者，
據賀凌虛先生之統計云：

> 兩漢期間，當此說盛行，若干君主，於日蝕、星孛、地震、火災、風
> 雨不時、五穀不登、疾病流行、蝗蟲等災發生之際，即下詔自責，據
> 前後漢書帝紀所載，西漢文帝時曾制詔自責兩次，宣帝四次，元帝十

〔註25〕見《後漢書・鄭興傳》。
〔註26〕見《後漢書・蔡邕傳》。
〔註27〕同註2。

一次，成帝九次，哀帝二次。王莽雖未曾因災異下詔自責，但却對災
異表示負責。東漢時，光武帝曾下詔自責四次，明帝三次，章帝三次，
和帝四次，殤帝一次，安帝四次，順帝四次，質帝一次，桓帝四次，
總計西漢二十八次，東漢二十九次，合計五十七次。〔註28〕

至於臣下以災異免職受責者，又據賀氏之統計爲：

> 策免大臣方面，於前後漢中，經紀載確切的，計西漢文帝一次，宣
> 帝一次，成帝一次，哀帝三次，哀帝太后一次，王莽二次，東漢安
> 帝三次，順帝五次，桓帝七次，靈帝六次，獻帝四次，總計西漢九
> 次，王莽時二次，東漢時二十五次，合計三十六次，而策免的對象，
> 則包括丞相、列侯、大司空、大司馬、大尉、司空、太守，甚至侍
> 中、諸曹、黃門侍郎等。〔註29〕

按《史記・文帝本紀》所載二年十一月之罪己詔，除云「天下治亂，在朕一
人」之外，又云：「唯二三執政猶吾股肱也，朕下不能理育群生，上以累三光
之明，其不德大矣。」同時亦譴責至二三執政，此後，君主所下詔書，往往
將災異責任，逐漸歸之臣下，且竟至賜死，《漢書・翟方進傳》云成帝二年春，
熒惑守心，丞相翟方進諫奏成帝，而成帝賜冊曰：「……欲退君位，尚未忍，
君其孰念詳計，塞絕姦原，憂國如家，務使百姓以輔朕。朕既已改，君其自
思強食慎職，使尚書令賜君上尊酒十石，養牛一，君審處焉！」方進即日自
殺。災異說之原意，本是約束君主，使其不敢妄爲，至此反貽禍臣子，恐亦
陰陽五行家所始料未及。陰陽災異之說，一直盛行於兩漢，一則可藉以約束
天子，一方面亦可收規諫之效，《漢書・平當傳》云：

> 今聖漢受命而王，繼體承業，二百餘年，孜孜不怠，政令清矣；然
> 風俗未和，陰陽未調，災害數見。意者，大本有不立與？何德化休
> 徵不應之久也？……高皇帝聖德，受命有天下，尊太上皇，猶周文
> 武之追王太王王季也。……此漢之始祖，後嗣所以尊奉，以廣盛德，
> 孝之至也。

然而，君主有時既不欲爲災異負責而歸咎於臣子，臣下亦往往以此作爲政爭
之工具，《漢書・楊惲傳》云：

> 會有日食變，騶馬猥佐成上書告惲「驕奢不悔過，日食之咎，此人

〔註28〕同註19，頁199。
〔註29〕同註19，頁200。

> 所致。」章下廷尉案驗，得所予會宗書，宣帝見而惡之，廷尉當惲
> 大逆無道，要（腰）斬，妻子徙酒泉郡。

似乎已大非災異說倡導之原意。徐復觀先生於〈呂氏春秋及其對漢代學術與政治的影響〉一文之結語云：

> 月令在漢代影響之得失，應分兩方面加以論斷。就學術方面言，陰陽
> 五行之說，假月令而大行；以想像代推論，由附會造證據，將願望作
> 現實，在學術發展中，加入了經兩千年而尚不能完全洗汰澄清的弊
> 害。但就政治方面言，把皇帝的權威、意志，及由這種權威意志所發
> 出的行為，鑲進了一個至高無上，而又息息相關的宇宙法則中去，使
> 他擔負起由宇宙法則而來的不可隱瞞逃避的結果，則皇帝的權威，可
> 以不期而然的壓低；他的行為可以不期然而然的謹慎，這在無可奈何
> 的情勢之下，對專制皇帝的控制，當然有重大的意義。而月令的影響，
> 雖然有許多是落在毫無意義的形式中去，但在解釋災異及援引到刑法
> 上的問題時，總或多或少地導向寬厚而合理的道路上去，在整個一人
> 專制的政體結構之內，這點補救之功，依然是非常難得的。

〈月令〉在兩漢之影響，即〈十二紀〉紀首之影響，依其時令與施政措施配合之情形而言，這種觀念於兩漢始終是被承認，且有逕予施行者，而〈呂紀〉、〈月令〉、《淮南子》、《春秋繁露》等對此亦有系統之發揮。在陰陽災異方面，雖然時君世主常將災異發生之責任歸屬於臣僚，然終漢之世，君主下詔責己之情形，仍舊可見，可見其用以規諫天子之目的，尚具功效。

第二節　評　價

一、成　果

章學誠《文史通義‧言公上》云：

> 呂氏春秋，先儒與淮南之解同稱，蓋謂集眾賓客而為之，不能自命
> 專家，斯固然矣，然呂氏淮南，未嘗以集眾為諱，如後世掩人之所
> 長，以為己有也。二家固以裁定之權，自命家言，未嘗不約於一律，
> 斯又出與賓客不與也。

呂書集眾成編，稱為一代典要，非如先秦諸子皆獨抒己見，或者單篇獨行，

不相統貫，自呂書一出，漢代著書，乃成統系，然集眾人成書，而成一家言者，僅有《淮南子》，一般類書，僅以彙粹為功，傅斯年先生云：

> 呂覽這部書在著書體裁上是個創作，蓋前於呂覽者，只聞著篇而不聞著成系統之一書，雖慎子著十二論以齊物為始，彷彿是一個系統論，但慎子殘文見莊子等著者甚少，我們無以見他的十二論究竟原始要終系統到什麼地步。自呂氏而後，漢朝人著文，乃造系統，於是篇的觀念進而為書的觀念，淮南之書，子長之史，皆從此一線之體裁。〔註30〕

呂書實居於一開新之地位，于長卿先生亦云：

> 呂氏春秋和淮南子，雖然都是屬於劉向劉歆的雜家，但仔細考究起來，此二書在精神上，卻並不相同，呂氏春秋是在秦始皇即將統一天下時，為之配合政治，而有意的綜合諸子百家之學而成為一種新的思想體系，所以在精神上，他是開新的，也就是啟後的。而淮南子他是作成在文景黃老之治的晚期，其時漢之建國，已六十年，天下大定，海內一統，政治上極為成功，只要守成就好，暫時無容開創新局面，所以在學術上，亦只要反映當前的情形就可，亦無需乎有什麼新的思想產生，因此淮南子中所反映的，只是漢初一段的歷史背景，而並不是新的構想，所以在精神上，他是繼往的，是承前的，此亦讀淮南書所不可不知者也。〔註31〕

就因《淮南子》在精神上是繼往承前，又兼以反映當代情況，故〈時則訓〉雖傚〈呂紀〉，而頗有省改，亦可藉此看出漢初此類篇章已很盛行，再對照《禮記·月令》之文，三者實同出一源，隋蕭吉云：

> 論四時休王：休王之義，凡有三種，第一辨五行體休王，第二論干支休王，第三論八卦休王。五行體休王者：春者木王，火相，水休，金囚，土死；……夏則火王……。干支休王者，春則甲乙寅卯王……夏則丙丁巳午王……。八卦休王者，立春艮王……春分震王……。
> 〔註32〕

就〈月令〉之構造者，除去後起之八卦配列後，僅有五行干支之配置，五行

〔註30〕見《傅斯年文集》第二冊，頁54。
〔註31〕見《中國歷代思想家》第二冊，頁24。
〔註32〕見隋蕭吉撰《五行大義》卷二。

分五節，適用於紀述四時及中央土，而干支之排列，亦本五時，如〈十二紀〉者，又分一年爲十二節次，則適用於以十二月爲一終始者，此類〈月令〉，尚有《淮南子・時則訓》及《禮記・月令》，每月之中，各項材料安排，亦頗費斟酌，孔穎達〈月令〉疏云：

> 蔡邕云：「法象莫大乎天地，變通莫大乎四時，懸象莫明莫大乎日月。」故先建春以奉天，奉天然後立帝，立帝然後言佐，言佐然後列昆蟲之列。物有形可見，然後音聲可聞，故陳音。有音然後清濁可聽，故言鍾律。言聲可以彰，故陳酸羶之屬也。群品以著，五行爲用於人，然後宗而祀之，故陳五祀。此以上者，聖人記事之次也。東風以下者，效初氣之序也。二者既立，然後人君承天時，行庶政，故言帝者居處之宜，衣服之制，布政之節，所謂欽若昊天，然後奉天時也。

其說雖不無牽強，然亦可見陰陽家原欲溝通天人之際所表曝之心血，徐復觀先生亦云：

> 其中由夏小正來的，本是與時令相關的，這是合理的一部分，其餘的都是憑藉連想，而牽強附會上去的。但一經組入到陰陽五行裏面去，便賦予了一種神秘的意味，使萬物萬象成一大有機體。若把他在知識上的眞實性及由此所發生的影響的好壞，暫至不論，這確要算是呂氏門客的一大傑構，而爲以前所沒有的具體、完整而統一的宇宙觀、世界觀。〔註33〕

此可謂持平之論。〈月令〉雖然具備濃厚之陰陽家色彩，但陰陽五行、天人之說，本盛行於兩漢，二者互相推衍，其說愈盛，且〈月令〉重農及尚德思想，亦合於儒家及實際政治之需要，其大一統之政治理想，亦與漢朝國情相當，故〈月令〉之文，不僅於兩漢之世，盛行不輟，且世代流傳，以迄近世，歷千載而不墜，唐開元年間《禮記》，更首列〈月令〉，升其篇爲第一，宋孫奭云：

> 大中祥符孫奭上言：月令一篇，後漢鄭玄爲注，卷第五，篇第六，漢魏而下，傳授不絕，唐陸德明撰釋文，孔穎達撰正義，皆仍舊貫。
>
> 御刪定月令，李林甫等爲之注解，升其篇冠於禮記。〔註34〕

至「景祐二年春正月乙巳直集賢院賈昌朝請以鄭司農所注月令，復入禮記第

〔註33〕 同註2。
〔註34〕 見李燾撰《續資治通鑑長編》。

五，其李林甫所注，自爲唐月令別行，從之。」〔註35〕方復其舊規。

二、發　展

〈月令〉自納入《禮記》中，其發展大要有三：一是政治上之讀令之禮，西漢宣帝魏相奏議已有天子須法天地，隨季節易服行事之記載，且已被皇家所採行，至東漢時，復有讀令之禮，《後漢書‧禮儀志》云：

> 每月朔旦，太史上其月歷，有司侍郎尚書見其讀令，奉行其政。

王夢鷗先生云：

> 呂氏春秋十二月紀，到了漢代已經過一番改寫，改寫成漢月令（即
> 今月令），其全文雖不可得見，但存在禮記中的，即已有若干重要
> 的和不重要的地方與呂氏春秋不一樣了。到了唐代，而唐月令，
> 即又與禮記月令不同。從這歷史的演進看來，可得兩點瞭解，一：
> 凡是比較重視「讀令」這一禮儀的時代，都要改寫一次月令；二：
> 除了乘便就簡或尊經復古的時代，都認爲月令是可以因時修定
> 的。〔註36〕

又云：

> 本來，設計月令的目的，在於順時行事，到了後代，變作順時讀令，
> 使實際的政令變作口頭的文章，這已是很可笑的了。至於讀的時候，
> 必須要改寫了再讀，那便是更加可笑了。然而，這却是歷史的事實，
> 而且這種事實，又不特後代如此，即在呂氏春秋以前，大約自「黃
> 帝之所以誨顓頊」時代降至呂不韋編的時代，屬於這一系統的文章，
> 即已經過若干次修訂和改寫。大抵每一次寫，都滲入一些改寫時代
> 的意義。〔註37〕

二是依據其民事日用之發展而來，如崔實之「四民月令」，「大體因襲自月令既有之設計，然其基本精神則迥異：第一：四民月令之執行主體乃從天子降至庶民；第二：其適用範圍亦從天下國家縮至鄉黨宗族；第三，其記事既非政令，遂並無拘束力，但有供人參考之意圖；第四：以此意圖按之，似其原書亦未有逆令咎徵之記載。倘從此四特色觀之，則四民月令所記者，實可視

〔註35〕同註34。
〔註36〕見王夢鷗著《禮記校證》，頁607。
〔註37〕同註36。

為鄉人一年中生活方式之撮要，亦可謂為鄉土風俗之紀錄。」〔註38〕其於農事記載，既詳且細，溯其源，則可推至〈夏小正〉，據王毓瑚《中國農學書錄》之著錄，中國農書，除少數主張君民並耕外，可說多自〈夏小正〉衍化而出，「四民月令」於農事之餘，亦兼記時鮮飲食及養生之道，亦為民生所需。三是「目的同為保生，而行事則以趨吉避凶為意，如佚名之四時寶鑑，瞿佑之四時宜忌，婁元禮之田家五行事等，則又似發源於十二月咎徵之記載及小數家之著述。」〔註39〕此類時令，實可溯自陰陽家與方士之合流，鄒衍論陰陽五行，本與方土無涉，《史記‧封禪書》云：

> 自齊威王之時，鄒子之徒，論著終始五德之運。及秦帝，而齊人奏之，故始皇采用之，而宋毋忌，正伯僑，充尚，羨門子高，最後皆燕人，為方僊道，形解銷化，依於鬼神之事。鄒子以陰陽主運，顯於諸侯，而燕齊海上之方士，傳其術，不能通。然則迂怪阿諛苟合之徒自比興，不可勝數也。

觀《史記》此段記載，二者分合之迹，鑿然可見，衍之學由齊人奏之秦帝，實經方仙化，而已變質，秦始皇併天下，使人入海求仙，巡行封禪，禱祀山川鬼神，方士之技乃假衍學而行，使原與陰陽消息結合之天，復與神仙鬼物相糾結，自道教興起，加入時令之中，其四時宜忌與吉凶禍福之關連，也就更為密切。雖然此類書籍，今已或存或亡，散佚不全，其如二、三項者，即為近世農曆通書之取材淵藪。

　　〈月令〉之文，本以法天為最高原則，以五德轉移與時令配合，災異機祥為架構。其政令、行為，皆順應五行之氣之性格來操作，則帝王與天，政治之規律與天之規律，皆貫通而合，〔註40〕其中亦有窒礙難通之處，其大要如「觀月令之說，苟以合五事，配五行而施其政令，離聖人之道，不亦遠乎。凡政令之作，有俟時而行之者，有不俟時而行之者。是故孟春修封疆、端徑術、相土宜，無聚大眾；季春利堤防、達溝瀆、止田獵……斯固俟時而行之，所謂敬授人時者也。其餘郊廟有祀，亦古之遺典，不可以廢。誠使古之為政者，非春無以布德和令……非夏無以贊傑俊，養幼少……非秋無以選士屬兵……非冬無以賞死事，恤孤寡……則其闕政亦繁矣，斯固不俟時而行之者

〔註38〕 同註 36，頁 533。
〔註39〕 同註 36，頁 534。
〔註40〕 同註 2。

也。」〔註41〕其不俟時而行之者，實可視作〈呂紀〉順春生夏長秋收冬藏四時之意，舉其重而言之者，如黃震之說，可謂允當：

> 秦相呂不韋，集儒士使著所聞，爲十二月紀，名曰呂氏春秋，每篇首皆有月令，此書即其文也。其衣服器皿官名，雖多雜秦制，然能仰觀日月星辰之變，俯察蟲魚鳥獸之化，以修人事，以授民時，庶幾虞書曆象之遺意，故君子有取焉。至其以五行分配五帝，蓋本鄒衍五運相生之說，從而推衍，一一分配，天子南嚮，所取自有定位，乃每月而各異其處；天子五輅，所用自有異宜，乃每月而各拘其色；犧牲一也，時各變其所先；器服一也，時各變其所尚；五穀六畜日用飲食之常也，亦隨時而變，翦翦焉若不可以相通，則未免拘矣。且五氣布而四時行，盈天地間，無乎不在，若四時各得其一，機緘不用，塊然窮獨，何名造化？何分配若是其拘？而冬行春令之應，亦豈能一一盡合耶？〔註42〕

我國自〈十二紀〉以降，〈月令〉之文已深入民心，其部分內容，或流於牽強附會，或者根本難己施行，然其採自〈夏小正〉者，自是古聖先王敬授人時之遺意；其依陰陽消息及五行相生基本觀念而安排之十二月政令，旨在警戒人君，同時由政治上「理陰陽」、「順四時」、而達到「與元同氣」之最高政治理想。

〔註41〕見《柳河東集》卷三〈時令論上〉。
〔註42〕見《黃氏日抄‧讀禮類》。

參考書目

　　本文所列書目，分專著及其它兩部，專著類包含《呂氏春秋》、《淮南》、《禮記》、《月令》等；其它部分則為相關著述及本文所引用之書籍，乃依時代先後為排列次序。

一、專　著

1.　《呂氏春秋新校正》，清・畢沅，中華書局。
2.　《呂氏春秋正誤》，清・陳昌齊，嶺南叢書本。
3.　《呂氏春秋集釋等五書》，民國・許維遹，鼎文書局。
4.　《呂氏春秋校釋》，民國・尹仲容，中華叢書編審委員會。
5.　《呂氏春秋探微》，民國・田鳳台，學生書局。
6.　《呂氏春秋思想理論》，民國・呂九瑞，中華叢書編審委員會。
7.　《呂氏春秋的政治理論》，民國・賀凌虛，商務印書館。
8.　《呂氏春秋新證》，民國・于省吾，藝文印書館。
9.　《淮南子》，漢・劉安，世界書局。
10.　《淮南鴻烈集解》，民國・劉文典，明倫出版社。
11.　《淮南子論文集》，民國・于大成、陳新雄，西南書局。
12.　《淮南王書》，民國・胡適，商務印書館。
13.　《淮南鴻烈思想研究》，民國・陳麗桂，師大七十二年博士論文。
14.　《淮南思想之研究論文集》，民國・李增，華正書局。
15.　《禮記集說》，元・陳澔，世界書局。
16.　《禮記章句》，清・王夫之，廣文書局。
17.　《禮記天算釋》，清・孔廣牧，叢書集成新編本（新文豐）。

18. 《清儒禮記彙解》，清·抉經心室主人，鼎文書局。

19. 《禮記校證》，民國·王夢鷗，藝文印書館。

20. 《禮學新探》，民國·高明，香港中文大學。

21. 《月令章句》，漢·蔡邕，黃氏逸書考本。

22. 《月令問答》，漢·蔡邕，黃氏逸書考本。

23. 《唐月令注》，唐·唐玄宗，叢書集成本。

24. 《月令解》，宋·張宓，四庫全書珍本初集（商務）

25. 《月令七十二候集解》，元·吳澄，叢書集成本。

26. 《月令氣候圖說》，清·李調元，叢書集成本。

27. 《月令粹編》，清·秦嘉謨，廣文書局。

28. 《明堂月令論》，漢·蔡邕，黃氏逸書考本。

29. 《明堂考》，清·孫星衍，叢書集成新編（新文豐）。

30. 《明堂問》，清·毛奇齡，叢書集成新編本（新文豐）。

31. 《明堂陰陽夏小正經傳考釋》，清·莊述祖，珍藝宦遺書本。

二、其　它

1. 《詩經》，十三經注疏本。

2. 《尚書》，十三經注疏本。

3. 《易經》，十三經注疏本。

4. 《禮記》，十三經注疏本。

5. 《周禮》，十三經注疏本。

6. 《左傳》，十三經注疏本。

7. 《論語》，十三經注疏本。

8. 《孟子》，十三經注疏本。

9. 《國語》，河洛圖書出版社。

10. 《孝經注》，漢·鄭玄，叢書集成續編本。

11. 《星經》，漢·石申，叢書集成新編本。

12. 《鹽鐵論》，漢·桓寬，商務印書館。

13. 《漢書》，漢·班固，二十五史本。

14. 《白虎通德論》，漢·班固，四部叢刊本。

15. 《五行大義》，隋·蕭吉，叢書集成新編本（新文豐）。

16. 《晉書》，唐·房玄齡，二十五史本。

17. 《柳河東集》，唐·柳宗元，四庫全書珍本四集。

18. 《史通》，唐・劉知幾，世界書局。

19. 《隋書》，唐・魏徵等，二十五史本。

20. 《經典釋文》，唐・陸德明，鼎文書局。

21. 《通典》，唐・杜佑，新興書局。

22. 《黃氏日抄》，宋・黃震，商務印書館。

23. 《楚辭補注》，宋・洪興祖，藝文印書館。

24. 《玉海》，宋・王應麟，華文書局。

25. 《六經天文編》，宋・王應麟，叢書集成新編本（新文豐）

26. 《通志》，宋・鄭樵，新興書局。

27. 《容齋隨筆》，宋・洪邁，國學基本叢書四百種本。

28. 《後漢書》，宋・范曄，二十五史本。

29. 《太平御覽》，宋・李昉等，國泰書局。

30. 《續資治通鑑長編》，宋・李燾，世界書局。

31. 《夏小正戴氏傳》，宋・傅崧卿，通志堂經解本。

32. 《文獻通考》，元・馬端臨，新興書局。

33. 《農政全書》，明・徐文定，國學基本業書四百種本。

34. 《七十二候考》，清・曹仁虎，叢書集成新編本（新文豐）

35. 《七十二候考》，清・愈樾，叢書集成新編本（新文豐）

36. 《二十二史考異》，清・錢大昕，商務印書館。

37. 《大戴禮記解詁》，清・王聘珍，世界書局。

38. 《大戴禮記補注》，清・孔廣森，畿輔叢書本。

39. 《大戴禮記注補》，清・汪炤，皇清經解續編本。

40. 《文史通義》，清・章學誠・中華書局。

41. 《日知錄》，清・顧炎武，商務印書館。

42. 《毛詩稽古篇》，清・陳啓源，景印文淵閣四庫叢書本。

43. 《左海經辨》，清・陳壽祺，左海全集本。

44. 《古經天象考》，清・雷學祺，聚學軒叢書本。

45. 《竹書紀年義證》，清・雷學祺，藝文印書館。

46. 《考信錄》，清・崔述，國學基本叢書四百種本。

47. 《抱經堂文集》，清・盧文弨，四部叢刊本。

48. 《東塾讀書記》，清・陳澧，商務印書館。

49. 《定庵全集》，清・龔自珍，四部備要本。

50. 《律呂正義》，清・康熙乾隆敕撰，商務印書館。

51. 《春秋繁露注》，清・凌曙，皇清經解續編本。

52. 《述學》，清・汪中，四部備要本。

53. 《夏小正考注》，清・畢沅，叢書集成新編本（新文豐）。

54. 《夏小正箋》，清・李調元，叢書集成新編本（新文豐）。

55. 《夏小正經傳集解》，清・顏鳳藻，叢書集成新編本（新文豐）

56. 《夏小正疏義》，清・洪震煊，傳經堂叢書本。

57. 《夏時考》，清・安吉，天全堂刊本。

58. 《校讎通義》，清・章學誠，中華書局。

59. 《莊子集釋》，清・郭慶藩，世界書局。

60. 《逸周書集訓校釋》，清・朱右曾，商務印書館。

61. 《經學算學天文考》，清・陳懋齡，皇清經解本。

62. 《經義述聞》清・王引之，廣文書局。

63. 《經學通論》，清・皮錫瑞，商務印書館。

64. 《經學歷史》，清・皮錫瑞，藝文印書館。

65 《管子校正》，清・戴望，商務印書館。

66. 《說文解字注》，清・段玉裁，黎明文化事業公司。

67. 《墨子閒詁》，清・孫詒讓，世界書局。

68. 《觀堂集林》，清・王國維，藝文印書館。

69. 《天文考古錄》，民國・朱文鑫，商務印書館。

70. 《中國之科學與文明》，英・李約瑟，商務印書館。

71. 《中國上古史綱》，民國，張蔭麟，里仁書局。

72. 《中國上古天文》，日・新城新藏，商務印書館。

73. 《中國天文學史》，民國・陳遵媯，明文書局。

74. 《中國天文史話》，明文書局。

75. 《中國中古思想史長編》，民國・胡適，胡適紀念館。

76. 《中國古代天文學簡史》，民國・陳遵媯，木鐸出版社。

77. 《中國歷代思想家》，中華文化復興委員會，商務印書館。

78. 《中國的神話與傳說》，民國・王孝廉，聯經出版事業公司。

79. 《中國農業發展史》，民國・黃乃隆，正中書局。

80. 《中國農學書錄》，民國・王毓瑚，明文書局。

81. 《中國學術思想變遷之大勢》，民國・梁啟超，中華書局。

82. 《中國學術思想史論叢》，民國・錢穆，東大圖書公司。

83. 《中國歷史研究法》，民國・梁啟超，商務印書館。

84. 《中國歷史上氣候之變遷》，民國・劉昭民，商務印書館。

85. 《古史辨》，民國・顧頡剛等，明倫出版社。

86. 《古史地理論叢》，民國・錢穆，東大圖書公司。

87. 《史記會注考證》，日・瀧川龜太郎，洪氏出版社。

88. 《史記天官書今註》，民國・高平子，中華叢書編審委員會。

89. 《甲骨學商史論叢》，民國・胡厚宣，大通書局。

90. 《老子探義》，民國・王淮，商務印書館。

91. 《先秦諸子繫年》，民國・錢穆，東大圖書公司。

92. 《先秦史》，民國・呂思勉，開明書店。

93. 《先秦天道觀之進展》，民國・郭鼎堂，商務印書館。

94. 《先秦文史資料考辨》，民國・屈萬里，聯經出版事業公司。

95. 《先秦自然學概論》，民國・陳文濤，商務印書館。

96. 《先秦兩漢之陰陽五行說》，民國・李漢三，維新書局。

97. 《先秦兩漢經濟史稿》，民國・李劍農，華世出版社。

98. 《先秦兩漢陰陽五行說的政治思想》，民國・孫廣德，嘉新研究論文一四七種。

99. 《求古編》，民國・許倬雲，聯經出版事業公司。

100. 《周書周月篇著成的時代及有關三正問題的研究》，民國・黃沛榮，臺大六十年碩論。

101. 《尚書研究》，民國・朱廷獻，商務印書館。

102. 《兩漢思想史》，民國・徐復觀，學生書局。

103. 《兩漢哲學》，民國・周紹賢，文景出版社。

104. 《荀子集釋》，民國・李滌生，學生書局。

105. 《高明文集》，民國・高明，黎明文化事業公司。

106. 《殷墟卜辭綜述》，民國・陳夢家，大通書局。

107. 《秦漢史》，民國・錢穆，三民書局。

108. 《清儒學案》，民國・徐世昌，世界書局。

109. 《經子解題》，民國・呂思勉，商務印書館。

110. 《經典常談》，民國・朱自清，文化圖書公司。

111. 《鄒衍子今考》，民國・衛挺生，華岡出版部。

112. 《鄒衍遺說考》，民國・王夢鷗，商務印書館。

113. 《詩經與周代社會研究》，民國・孫作雲，中華書局。

114. 《夢溪筆談校證》，民國・胡道靜，世界書局。

115. 《管子集校》，民國・郭沫若，出版者不詳。

116. 《劉申叔遺書》，民國・劉師培，華世出版社。

117. 《韓非子今註今譯》，民國・邵增樺，商務印書館。

118. 《諸子通考》，民國・蔣伯潛，正中書局。

119. 《諸子考索》，民國・羅根澤，泰順書局。

120. 《諸子考釋》，民國・梁啓超，中華書局。

121. 《曆法通志》，民國・朱文鑫，商務印書館。

122. 《學曆散論》，民國・高平子，中央研究院數學研究所。

123. 《傅斯年全集》，民國・傅斯年，聯經出版事業公司。

期刊論文

一、專　著

1. 〈呂氏春秋中古書輯佚〉，李峻之，《清華週刊》三十九卷八期。

2. 〈呂氏春秋撰著考〉，繆鉞，《中華文化研究彙刊》六卷。

3. 〈呂不韋與呂氏春秋〉，賀凌虛，《思與言》七卷六期。

4. 〈呂氏春秋中音樂理論〉，繆鉞，《中國文化研究彙刊》六卷。

5. 〈呂氏春秋與統一思想〉，張柳雲，《中華文化復興月刊》六卷五期。

6. 〈呂氏春秋及其對漢代學術與政治上的影響〉，徐復觀，《大陸雜誌》四五卷三期。

7. 〈讀呂紀隨筆〉，沈疕民，《中華文史論叢》第二輯。

8. 〈逸周書時訓呂覽十二紀禮記月令淮南時則異文箋自序〉，沈延國，《制言半月刊》三期。

9. 〈淮南鴻烈天文校釋〉，于大成，《中山學術文化集刊》十集。

10. 〈淮南鴻烈時則校釋〉，于大成，《淡水學報文學部門》十期。

11. 〈淮南鴻烈的內容體系與價值〉，陳麗桂，《中華文化復興月刊》十八卷四期。

12. 〈淮南子二十一卷論次得失平議〉，張嚴，《大陸雜誌》三十一卷六期。

13. 〈雜家與淮南子〉，戴君仁，《幼獅學誌》七卷三期。

14. 〈淮南子的綜合思想〉，周弘然，《幼獅學誌》九卷四期。

15. 〈二戴記解題〉，屈萬里，《中研院民族所集刊》三十二期。

16. 〈禮記月令文例淺釋〉，姚振黎，《孔孟月刊》十六卷一期。

17. 〈禮記月令校讀後記〉，王夢鷗，《孔孟學報》十四期。

18. 〈論周書時訓篇與禮記月令之關係〉，黃沛榮，《孔孟月刊》十七卷三期。

19. 〈月令的來源考〉，容肇祖，《燕京學報》十八期。

20. 〈月令之淵源與其意義〉，蒙季甫，《四川省立圖書館圖書集刊》。

21. 〈略論月令與禮記〉，陳鐵凡，《孔孟學報》十八期。

22. 〈明堂考〉，楊宗震，《女師院學報》一卷二期。

二、其它（此處依筆畫多少爲排列次序）

1. 〈二十八宿起源之時代與地點〉，竺可楨，《思想與時代月刊》三十四期。

2. 〈十干試釋〉，勞幹，《大陸雜誌》三十六卷十一期。

3. 〈上古天文材料〉，陳夢家，《學原》一卷六期。

4. 〈中國歷史上氣候之變遷〉，竺可楨，《東方雜誌》二十二卷三號。

5. 〈中國天文學史纂要〉，陳萬鼐，《故宮季刊》十六卷四期。

6. 〈中國東漢以前時月日紀法之研究〉，錢寶琮，《國立中山大學史語所週刊》九十四至九十六期合刊。

7. 〈五行之起源〉，陳夢家，《燕京學報》二十四期。

8. 〈五德終始說下的政治和歷史〉，顧頡剛，《古史辨》第五冊下。

9. 〈中國古曆與世界古曆〉，董作賓，《大陸雜誌》二卷十期。

10. 〈古代天文學考〉，湛約翰，《科學》十一卷十二期。

11. 〈史記曆書「曆數甲子篇」理論之研究〉，陳萬鼐，《中山學術文化集刊》二十四集。

12. 〈史字的結構及史官的原始職務〉，勞貞一，《大陸雜誌》十四卷三期。

13. 〈史官制度〉，李宗侗，文史哲十四期。

14. 〈先秦重農思想之研究〉，宋敍五，《香港中大中文所學報》七卷一期。

15. 〈我國上古的天文曆數知識多導源於伊蘭〉，岑仲勉，《學原》一卷五期。

16. 〈東漢以前中國天文學史大綱〉，新城新藏，《國立中山大學史語所週刊》九十四至九十六期合刊。

17. 〈兩漢重農政策的理論與實踐〉，王文發，《歷史學報》六期。

18. 〈周秦漢之間社會史的問題〉，任卓宣，《大陸雜誌》四十八卷六期。

19. 〈周秦漢史論〉，李震，《孔孟月刊》二十一卷九、十一、十二期。

20. 〈春秋年曆略論〉，吳緝華，《書日季刊》十五卷四期。

21. 〈春秋戰國時代之賓客與食客〉，方炳林，《師大教育集刊》一卷。

22. 〈殷代的農業與氣象〉，張秉權，《中央研究院史語所集刊》四十二本。

23. 〈殷周金文中日干紀日和干支命名的統計〉，周法高，《大陸雜誌》六十八卷六期。

24. 〈秦曆探源〉，謝秀文，《中華文化復興月刊》十五卷四期。

25. 〈秦正建亥不自秦一六國始〉，謝秀文，《中華文化復興月刊》十三卷二期。

26. 〈從天文曆法推測堯典之編成年代〉，劉朝陽，《燕京學報》六期。

27. 〈陰陽五行說的來歷〉，梁啓超，《古史辨》第五冊下。

28. 〈陰陽五行說思想之淵源及在發展中之變形〉，周群振，《中國文化月刊》十八期。

29. 〈陰陽五行學說究原〉，戴君仁，《大陸雜誌》三十七卷八期。

30. 〈陰陽家思想之起源〉，周昌龍，《書目季刊》十卷四期。

31. 〈陰陽五行觀念之演變及若干有關文獻成立時代與解釋的問題〉，徐復觀，《民主評論》十二卷十九——二十一期。

32. 〈陰陽五行家與星曆及占筮〉，王夢鷗，《中央研究院史語所集刊》四十三本。

33. 〈評顧頡剛五德終始說下的政治和歷史〉，錢穆，《古史辨》第五冊下。

34. 〈統一政治下秦代社會〉，姜蘊剛，《東方雜誌》四十一卷十二期。

35. 〈詩經中有關周代農事史料之探討〉，陳榮照，《新社學報》第四期。

36. 〈逸周書時令考〉，李周龍，《孔孟月刊》二十卷一期。

37. 〈逸周書成書考〉，李周龍，《孔孟月刊》十九卷九期。

38. 〈鄒衍之生平與學術〉，蒙傳銘，《新亞書院學術年刊》九期。

39. 〈漢以前恒星發現次第考〉，夏靳，《幼獅學誌》六卷三期。

40. 〈管子研究〉，呂凱，《中華學苑》十六、十七期。

41. 〈漢代講五行者之異同〉，王煥鑣，《史地學報》二卷八期。

42. 〈論商人以十日爲名〉，董作賓，《大陸雜誌》二卷三期。

43. 〈論二十八宿之來歷〉，錢寶琮，《思想與時代月刊》四十三期。

44. 〈論以歲差定尚書堯典四仲中星之年代〉，竺可楨，《史學與地學》二期。

45. 〈談管子書的作者和分部〉，徐漢昌，《中華文化復興月刊》十八卷七期。

46. 〈曆法四則〉，王方曙，《中央月刊》二卷五期。

47. 〈儒家和五行的關係〉，徐文珊，《古文辨》第五冊下。

48. 〈戰國農業狀況〉，宋文明，《自由青年》四十七卷六期。